J. L. Lagrange

Über Kartenprojektion

J. L. Lagrange

Über Kartenprojektion

ISBN/EAN: 9783743382268

Hergestellt in Europa, USA, Kanada, Australien, Japan

Cover: Foto ©Andreas Hilbeck / pixelio.de

Manufactured and distributed by brebook publishing software
(www.brebook.com)

J. L. Lagrange

Über Kartenprojektion

OSTWALD'S KLASSIKER
DER EXAKTEN WISSENSCHAFTEN.
Nr. 55.

ÜBER

KARTENPROJECTION.

ABHANDLUNGEN

VON

LAGRANGE UND GAUSS
(1779)   (1822).

WILHELM ENGELMANN IN LEIPZIG.

OSTWALD'S KLASSIKER

DER

EXAKTEN WISSENSCHAFTEN

z. Z. herausgegeben von

Prof. emer. Dr. Arthur von Oettingen

Privatdocent in Leipzig.

S. In Leinen gebunden.

———+·•·•·+———

Es sind bis jetzt erschienen aus den Gebieten der

Physik und Astronomie:

Fortsetzung auf der dritten Seite des Umschlages.

Ueber

KARTENPROJECTION.

Abhandlungen

von

LAGRANGE (1779) und GAUSS (1822.

Herausgegeben

von

A. Wangerin.

Mit 2 Textfiguren.

●—·—●

LEIPZIG

VERLAG VON WILHELM ENGELMANN

1894.

Ueber die Construction geographischer Karten.

(Sur la construction des cartes géographiques.

Von

J. L. de Lagrange.

Nouveaux Mémoires de l'Académie royale de Berlin, Année 1779, S. 161—210.

Mit 2 Figuren im Text.

— —

Erste Abhandlung.

Eine geographische Karte ist nichts anderes, als eine ebene Figur, welche die Erdoberfläche oder einen Theil derselben darstellt. Eine solche Darstellung würde keinerlei Schwierigkeit darbieten, wenn die Erde eben, oder auch, wenn sie ein von ebenen Flächen begrenzter Körper wäre. Ebenso würde es sich verhalten, wenn die Erdoberfläche derart gekrümmt wäre, dass sie auf eine Ebene abgewickelt werden könnte, wie es bei Kegelflächen und unzähligen andern krummen Flächen der Fall ist. Aber da die Erde die Gestalt einer Kugel hat oder wenigstens nahezu kugelförmig ist, so ist es unmöglich, irgend einen Theil ihrer Oberfläche in einer Ebene darzustellen, ohne die gegenseitige Lage der einzelnen Orte wie ihre Abstände von einander zu ändern. Die grösste Vollkommenheit einer geographischen Karte muss demgemäss darin bestehen, jene Abstände möglichst wenig zu ändern.

Bei der Unmöglichkeit, Karten zu zeichnen, welche die Lage der verschiedenen Orte der Erde genau wiedergeben, waren die Geographen bestrebt, Bilder zu entwerfen, auf denen die einzelnen Orte nach den Regeln der Perspective ange-

1*

ordnet sind; und so entstanden verschiedene Arten von Karten-
projectionen, die sich nur dadurch unterscheiden, dass das
Auge und die Projectionsebene jedesmal eine andere Lage in
Bezug auf die Erdoberfläche haben.

Da die Lage irgend eines Ortes auf der Erde durch den
Längen- und den Breitenkreis bestimmt wird, die durch diesen
Ort gehen, so besteht die ganze Schwierigkeit in der Projection
der verschiedenen Längen- und Breitenkreise. Die Projection
eines beliebigen Kugelkreises ist aber, wie leicht ersichtlich,
ein [162] Kegelschnitt, nämlich der Schnitt der Projectionsebene mit demjenigen Kegel, der den zu projicirenden Kreis
zum Grundkreise hat, und dessen Spitze im Augenpunkte liegt.

Befindet sich das Auge im Mittelpunkte der Kugel, so
nennt man die Projection central. Sie hat die Eigenschaft,
dass bei ihr alle grössten Kugelkreise durch gerade Linien
dargestellt werden; die kleinen Kugelkreise dagegen werden
entweder Kreise oder Ellipsen, je nachdem ihre Ebenen der
Projectionsebene parallel sind oder nicht. Man benutzt diese
Projection bisweilen bei Erdkarten und nimmt dabei in der
Regel als Projectionsebene eine zum Aequator parallele Ebene;
dadurch erreicht man, dass alle Breitenkreise auch in der
Karte Kreise werden. Wenig gebräuchlich ist die in Rede
stehende Projection bei Specialkarten, die nur einen Theil der
Erdoberfläche darstellen; dagegen wird sie vielfach bei Him-
melskarten angewandt, und auf ihr beruht im Grunde die
ganze Gnomonik, da die Stundenlinien auf dem Zifferblatt einer
Sonnenuhr nichts anderes sind als die Centralprojectionen der
Stundenkreise der Himmelskugel.

Uebrigens würden geographische Karten, die mittelst der
Centralprojection entworfen sind, den grossen Vortheil haben,
dass alle Orte der Erde, die auf demselben grössten Kreise
gelegen sind, auf der Karte in einer geraden Linie liegen.
Um daher den kürzesten Weg zwischen zwei Orten der Erde
zu finden, würde man nur auf der Karte die Orte durch eine
Gerade zu verbinden haben.

Nimmt man das Auge auf der Kugeloberfläche liegend an
und wählt zur Projectionsebene eine Ebene, welche auf dem
vom Auge nach dem Mittelpunkte der Kugel gezogenen Strahle
senkrecht steht, so erhält man die Projection, welche unter
dem Namen der stereographischen bekannt ist. Dieselbe
ist zuerst von *Ptolemaeus* zur Construction von Astrolabien
oder von Abbildungen der halben Himmelskugel ersonnen und

später von den meisten modernen Geographen auch für das Entwerfen von Erdkarten benutzt. Die hauptsächlichste Eigenschaft dieser Projection besteht darin, dass alle Kreise der Kugel wieder durch Kreise dargestellt werden. Man braucht daher nur die Projection von irgend drei Punkten eines Meridians oder eines Parallelkreises zu bestimmen, und kann dann sofort die Projection des ganzen Kreises zeichnen. In verschiedenen Lehrbüchern der Geographie finden sich [163 Regeln zum Entwerfen der Meridiane und Parallelkreise für jede beliebige Lage des Auges auf der Erdoberfläche. Man vergleiche über diesen Gegenstand eine Arbeit des Herrn *Kaestner* in seinen gesammelten physikalischen und mathematischen Abhandlungen.

Die eben erwähnte schöne Eigenschaft der stereographischen Projection ist von *Ptolemaeus* entdeckt und in seinem »Sphaerae a planetis projectio in planum« betitelten Buche dargelegt, einem Werke, das uns nur in arabischer Uebersetzung erhalten ist, und von dem *Commandino* im Jahre 1558 eine lateinische Uebersetzung mit Commentar veröffentlicht hat. Jene Eigenschaft beruht darauf, dass der Schnitt des projicirenden Kegels stets der Basis antiparallel ist, so dass, wenn die letztere ein Kreis ist, jener Schnitt, d. h. die Projection der Basis, ebenfalls ein Kreis wird.

Ausserdem hat die stereographische Projection noch eine andere sehr wichtige Eigenschaft, die, wie es scheint, von *Ptolemaeus* nicht bemerkt ist. Dieselbe besteht darin, dass die Kreise der Karte sich unter denselben Winkeln schneiden wie die Kreise der Kugel; dass also alle auf der Kugelfläche vorkommenden Winkel in der Projection dieselbe Grösse behalten. Daraus folgt weiter, dass irgend ein unendlich kleiner Theil der Kugelfläche in der Projection seine Gestalt behält und nur hinsichtlich seiner Grösse geändert wird. Wir werden im weiteren Verlauf dieser Abhandlung sehen, dass diese Eigenschaft keineswegs der stereographischen Projection eigenthümlich ist, sondern auch den reducirten Seekarten und einer unendlichen Zahl von Karten anderer Art zukommt.

Wenn man endlich das Auge in unendlicher Entfernung von der Kugel annimmt, so dass alle Projectionsstrahlen parallele Gerade werden, und wenn dabei die Projectionsebene auf jenen Strahlen senkrecht steht, so erhält man die orthographische Projection, bei der die Kreise der Kugel theils gerade Linien, theils Kreise, theils Ellipsen werden, je

nachdem ihre Ebenen den Projectionsstrahlen parallel sind, oder
senkrecht auf denselben stehen, oder schief gegen sie liegen.
Diese Projectionsart wird in der Geographie kaum angewandt,
wohl aber häufig in der Astronomie zur Berechnung der Ver-
finsterungen und in der Gnomonik zur Construction von ana-
lemmatischen Sonnenuhren.

Dies sind die hauptsächlichsten Projectionsarten; doch
ist klar, dass man noch unzählig viele andere Arten er-
sinnen kann, indem man dem Auge [164] und der Projectionsebene andre und andre Lagen giebt. Aber alle diese
Projectionen haben den Nachtheil, dass sie die Grösse und
Gestalt der verschiedenen Länder, die sie darstellen, mehr
oder weniger verändern. *De la Hire* hat gefunden, dass
diese Aenderung in gewisser Hinsicht am geringsten wird,
wenn man das Auge ausserhalb der Kugel liegend annimmt,
und zwar in einer Entfernung von der Oberfläche, die gleich
ist dem Erdradius, multiplicirt mit dem Sinus von 45° (vgl.
die Mém. de Paris für 1701). Doch ist dieser Vortheil in
den Augen der Geographen wohl nicht gross genug, um sei-
netwegen eine Projectionsart anzunehmen, die gleichzeitig die
Unbequemlichkeit mit sich bringt, dass der grösste Theil der
Kugelkreise durch Ellipsen darzustellen ist.

Der Grundgedanke, geographische Karten vermittelst der
Projection der Kugelfläche auf eine Ebene zu entwerfen, ist
ein sehr einfacher und naturgemässer; doch liegt kein zwin-
gender Grund vor, ihn unter allen Umständen beizubehalten.
Auch haben mehrere gelehrte Geographen denselben bereits auf-
gegeben und ganz andre Arten der Darstellung für die Längen-
und Breitenkreise der Erde benutzt, indem sie jene Kreise
theils durch gerade Linien, theils durch Kreise, theils auch
durch mechanisch construirbare Curven wiedergegeben haben.
In der That kann man die geographischen Karten von einem
viel allgemeineren Gesichtspunkte aus betrachten und dieselben
als irgend welche Darstellungen der Erdoberfläche ansehen.
Man hat dann nur die Meridiane und Parallelkreise nach
einem beliebig gegebenen Gesetze zu zeichnen und den verschiedenen Orten in Bezug auf diese Linien die Lage zu
geben, die sie auf der Erdoberfläche in Bezug auf die Längen-
und Breitenkreise wirklich haben. Dadurch wird die Aufgabe,
eine geographische Karte zu construiren, zu einer völlig unbestimmten; man kann sie indessen zu einer bestimmten
machen, wenn man sie gewissen Bedingungen unterwirft, die

von Projectionsbetrachtungen unabhängig sind. Ein Beispiel dazu liefern die reducirten Seekarten, d. h. die Karten mit wachsenden Breitengraden. Bei ihrer Erfindung verfolgte man nur den Zweck, die Sache so einzurichten, dass die verschiedenen Windrichtungen überall durch gerade Linien dargestellt würden, die mit einander dieselben Winkel bildeten, wie die betreffenden Richtungen auf dem Kompass. Diese Bedingung erfordert zunächst, dass alle Meridiane parallele Linien sein müssen, und dass ebenso die Parallelkreise des Aequators gerade Linien werden, welche die Meridiane senkrecht schneiden; ferner dass die Längen- und Breitengrade auf der Karte dasselbe Verhältniss behalten, das sie auf der [165] Kugel haben. Da hierbei die Längengrade auf der Karte als constant angenommen werden, während auf der Kugelfläche die Breitengrade constant sind, so müssen die Breitengrade auf der Karte in demselben Verhältniss zunehmen, in dem die Längengrade auf der Kugel abnehmen, d. h. in umgekehrtem Verhältniss des Cosinus der Breite oder, was auf dasselbe hinauskommt, in directem Verhältniss wie die Secanten der Breite. Daraus kann man dann mittelst der Integralrechnung den Satz ableiten, dass der Abstand zwischen dem Aequator und einem beliebigen Parallelkreise proportional sein muss dem Logarithmus der Cotangente des halben Complements der Breite jenes Parallelkreises. Das ist die bekannte Grundlage für die Construction der reducirten Seekarten.

Der verstorbene *Lambert* ist der erste, der die Theorie der Kartenprojection unter dem eben erörterten allgemeinen Gesichtspunkte betrachtet, und der in Folge dessen den Gedanken gehabt hat, die Lage der Meridiane und Parallelkreise auf der Karte allein durch die Bedingung zu bestimmen, dass alle auf der Karte vorkommenden Winkel den betreffenden Winkeln auf der Erdkugel gleich seien. Diese Aufgabe, von der man eine allgemeine Lösung im dritten Bande der »Beyträge zum Gebrauche der Mathematik etc.« findet*), ist seither auch von *Euler* in dem so eben erschienenen Bande der Verhandlungen der Petersburger Akademie für das Jahr 1777 behandelt. Doch haben sich diese beiden berühmten Autoren damit begnügt, zu zeigen, dass die bekannten Theorien der stereographischen Projection und der reducirten Karten in ihrer Lösung enthalten sind, während es bisher noch niemand

---

*) S. auch Ostwald's Klassiker. Heft 51.

unternommen hat, diesen Theorien die ganze Ausdehnung zu
geben, deren sie fähig sind; dieselbe besteht darin, alle Fälle
zu suchen, in denen die Meridiane und Parallelkreise durch
Kreise wiedergegeben werden.

Diese Untersuchung, die ebenso interessant ist wegen der
analytischen Hülfsmittel, die sie erfordert, als wegen des
Nutzens, den sie für die Vervollkommnung geographischer
Karten gewähren kann, scheint mir der Aufmerksamkeit der
Geometer würdig zu sein und geeignet, den Gegenstand einer
Abhandlung zu bilden. Ich werde zuerst die von *Lambert*
und *Euler* behandelte Aufgabe nach einer Methode lösen, die
von der der genannten Autoren verschieden und die, wie ich
glaube, in mancher Hinsicht einfacher und allgemeiner ist.
Sodann werde ich die allgemeine Lösung auf den besonderen
Fall anwenden, dass die Meridiane und Parallelkreise durch
Kreise dargestellt werden sollen; denn dies sind [**166**] die
einzigen Curven, die man bei der Construction von Karten-
netzen leicht zeichnen kann. Endlich werde ich noch einige
andre auf den Gegenstand bezügliche Fragen erörtern, und
daraus werden sich mehrere wichtige Folgerungen ergeben.

1. Der grösseren Allgemeinheit wegen nehme ich zunächst an, dass die Erde ein beliebiger Rotationskörper ist,
entstanden durch die Rotation einer gegebenen ebenen Curve
um eine feste Axe. Diese Curve stellt dann die sämmtlichen
Meridiane der Erde dar, und die feste Axe ist zugleich die Erdaxe. Ich beziehe die Curve auf die in Rede stehende Axe
mittelst rechtwinkliger Coordinaten p, q, von denen die eine
p die auf der Axe vom Pol der Erde aus gezählte Abscisse
bezeichnet, während die andere q die zur Axe senkrechte
Ordinate ist. Ferner nenne ich s den zum Punkte p, q ge-
hörigen Bogen, d. h. den vom Pole an gerechneten Bogen des
betreffenden Meridians, und t den Winkel, welchen dieser
Meridian mit dem Anfangsmeridian, der eine beliebige Lage
hat, bildet. Offenbar wird die Lage eines Ortes auf der Erdoberfläche durch den Bogen s des durch den Ort gehenden
Meridians und den Winkel t, welchen dieser Meridian mit dem
Anfangsmeridian bildet, völlig bestimmt. Gleichzeitig ist klar,
dass, falls die Erde eine Kugel ist, der Bogen s (wenn man
den Erdradius zur Einheit nimmt) die Poldistanz oder das
Complement der geographischen Breite, der Winkel t die Länge
des betrachteten Ortes ist. Ferner wird in diesem Falle

$$p = \cos s, \quad q = \sin s.$$

Im allgemeinen wird, welches auch die Gestalt der Erde sei, falls sie nur ein Rotationskörper ist, der Winkel t stets gleich der geographischen Länge sein, während der Bogen s eine gegebene Function der Breite ist.

Dies vorausgeschickt, denken wir uns den betrachteten Ort auf einer geographischen Karte derart dargestellt, dass seine Lage durch zwei rechtwinklige Coordinaten x, y bestimmt ist, wobei x die auf einer beliebigen Axe gezählte Abscisse, y die zu dieser Axe senkrechte Ordinate bezeichnet. Natürlich müssen die beiden Grössen x, y von den Grössen s, t abhängen, d. h. Functionen der letzteren beiden sein. Ferner sieht man sofort, dass, wenn man in diesen Functionen die Variable t als constant annimmt, man die Coordinaten der Punkte derjenigen Curve erhält, durch welche der Meridian, dessen Länge t ist, dargestellt wird. Nimmt man dagegen s als constant, so erhält man die Coordinaten der Punkte der Curve, welche denjenigen Parallelkreis darstellt, der dem Bogen s des Meridians entspricht.

[**167** 2. Wir wollen jetzt zwei unendlich nahe Orte betrachten, die auf der Erdoberfläche durch die Variabeln s, t und $s + ds$, $t + dt$ bestimmt seien, während ihnen auf der Karte die Variabeln x, y und $x + dx$, $y + dy$ zugehören; und wir wollen die Abstände beider Orte auf der Erdoberfläche und auf der Karte suchen. Offenbar wird der erste dieser Abstände ausgedrückt durch

$$\sqrt{ds^2 + q^2 dt^2},$$

da ds die Differenz der durch die beiden Orte gehenden Meridianbogen und $q\,dt$ der zwischen diesen Meridianen liegende Bogen des Parallelkreises ist. Der zweite Abstand dagegen wird durch die bekannte Formel

$$\sqrt{dx^2 + dy^2}$$

ausgedrückt, da x und y geradlinige und rechtwinkelige Coordinaten sind.

Die höchste Vollkommenheit würde nun eine geographische Karte besitzen, wenn die eben erwähnten beiden Abstände einander gleich wären: denn dann würden auch alle anderen Entfernungen, klein oder gross, auf der Erdoberfläche dieselben sein wie auf der Karte. Um indessen unserer Untersuchung die grösstmögliche Allgemeinheit zu geben, wollen wir annehmen, dass jene beiden Abstände sich wie $1 : m$ verhalten, dass also

$$\sqrt{ds^2 + q^2 dt^2} : \sqrt{dx^2 + dy^2} = 1 : m$$

und daher

$$dx^2 + dy^2 = m^2(ds^2 + q^2 dt^2)$$

sei. Letztere Gleichung ist die Fundamentalgleichung, um deren Auflösung es sich handelt.

3. Zu dem Ende bemerke ich zunächst, dass die Ordinate q der Meridiancurve eine durch die Natur dieser Curve gegebene Function des Bogens s, und dass daher $\dfrac{ds}{q}$ integrabel ist oder wenigstens als integrabel angesehen werden kann, da nur eine Variable darin enthalten ist. Setzt man nun

$$\frac{ds}{q} = du, \quad mq = n,$$

so geht die zu lösende Gleichung in folgende über:

$$dx^2 + dy^2 = n^2(du^2 + dt^2).$$

Darin sind t und u zwei von einander unabhängige Variable, und n ist eine vorläufig noch unbestimmte Grösse. Unsre weitere Aufgabe besteht nun darin, mit Hülfe der letzten Gleichung x und y als Functionen von t und u zu bestimmen.

Da die in Rede stehende Gleichung zwei Unbekannte, dx und dy, enthält, multiplicire ich dieselbe, um sie möglichst allgemein und dabei auf möglichst einfache Art zu lösen, mit der Gleichung

$$1 = \sin^2\omega + \cos^2\omega,$$

worin ω ein unbestimmter Winkel ist. [**168**] Sodann beachte ich, dass das Product aus $\sin^2\omega + \cos^2\omega$ und $du^2 + dt^2$ sich folgendermassen als Summe zweier Quadrate darstellen lässt:

$$(\sin^2\omega + \cos^2\omega)(du^2 + dt^2)$$
$$= (\sin\omega\, du - \cos\omega\, dt)^2 + (\cos\omega\, du + \sin\omega\, dt)^2.$$

Dadurch wird die obige Gleichung in folgende transformirt:

$$dx^2 + dy^2 = n^2(\sin\omega\, du - \cos\omega\, dt)^2 + n^2(\cos\omega\, du + \sin\omega\, dt)^2,$$

und diese kann man wegen der Unbestimmtheit des Winkels ω in die beiden zerlegen:

$$dx = n(\sin \omega\, du - \cos \omega\, dt),$$
$$dy = n(\cos \omega\, du + \sin \omega\, dt).$$

Es erübrigt jetzt nur, die Sache so einzurichten, dass diese Werthe von dx und dy vollständige Differentiale werden, und das ist durch zweckmässige Verfügung über die bisher unbestimmten Grössen n, ω möglich, wie sich folgendermassen ergiebt.

Setzt man zur Abkürzung

$$n \sin \omega = \alpha, \quad n \cos \omega = \beta,$$

so erhält man die beiden Formeln:

$$dx = \alpha\, du - \beta\, dt, \quad dy = \beta\, du + \alpha\, dt;$$

und auf diese kann man die bekannte Methode von *d'Alembert* anwenden, die in Folgendem besteht. Man multiplicire die zweite Gleichung mit $i = \sqrt{-1}$ und addire sie zu der ersten, resp. subtrahire sie von derselben, so ergiebt sich:

$$dx + idy = (\alpha + i\beta)(du + idt),$$
$$dx - idy = (\alpha - i\beta)(du - idt).$$

Sollen die rechten Seiten dieser Gleichungen integrabel sein, so muss $\alpha + i\beta$ eine Function von $u + it$, $\alpha - i\beta$ aber eine Function von $u - it$ sein. Durch Ausführung der Integration erhält man dann die Werthe von $x + iy$ und $x - iy$ und daraus x und y selbst.

Bezeichnen wir allgemein durch die Buchstaben f und F irgend zwei unbestimmte Functionen, so dass $f(z)$ und $F(z)$ zwei beliebige Functionen von z sind; bezeichnen wir ferner mit $f'(z)$ und $F'(z)$ die Ableitungen dieser Functionen, also

$$f'(z) = \frac{df(z)}{dz}, \quad F'(z) = \frac{dF(z)}{dz};$$

so kann man [169]

$$\alpha + i\beta = f'(u + it),$$
$$\alpha - i\beta = F'(u - it)$$

setzen und erhält dann

$$x + iy = f(u + it),$$
$$x - iy = F(u - it).$$

daher

$$x = \frac{f(u + it) + F(u - it)}{2},$$

$$y = \frac{f(u + it) - F(u - it)}{2i};$$

und die mit f und F bezeichneten Functionen bleiben will-kürlich.

4. Das sind die allgemeinsten Ausdrücke für die Coordi-naten x und y, die auf der Karte die Lage jedes Ortes der Erde bestimmen, falls man die Bedingung zu Grunde legt, dass der Abstand von zwei beliebigen unendlich nahen Orten der Erdoberfläche zu dem Abstand der entsprechenden Orte der Karte im Verhältnis $1 : m$ steht (Nr. 2). Nun ist aber $mq = n$ und weiter $n \sin \omega = \alpha$, $n \cos \omega = \beta$ gesetzt (Nr. 3); daher ist

$$n = \sqrt{\alpha^2 + \beta^2}, \quad m = \frac{1}{q}\sqrt{\alpha^2 + \beta^2}.$$

Andererseits ist

$$\alpha^2 + \beta^2 = (\alpha + i\beta)(\alpha - i\beta) = f'(u + it)F'(u - it).$$

Mithin wird

$$m = \frac{1}{q}\sqrt{f'(u + it)F'(u - it)}.$$

Man ersieht aus dieser Formel, dass der Werth von m eine Function der endlichen Variabeln t und u, also auch von t und s wird, da ja u eine Function von s ist. Daraus folgt, dass die Entfernung zweier beliebiger Orte, die einander auf der Erdoberfläche unendlich nahe liegen, und deren einer durch t, s, der andere durch $t + dt$, $s + ds$ bestimmt ist, zu der Entfernung der entsprechenden Orte auf der Karte in einem Verhältniss steht, das allein von t und s abhängt. In Folge dessen werden alle Orte der Erde, die um einen gegebenen Ort herum liegen und einen unendlich kleinen Abstand von demselben besitzen, auf der Karte eine derartige Lage haben, dass sie [170] eine Figur bilden, die ähnlich ist der Figur, die sie auf der Erdoberfläche bilden. Homologe Seiten beider Figuren stehen dabei im Verhältniss $1 : m$, und ihre Flächen verhalten sich wie $1 : m^2$. Eine Karte, die mittelst der eben gefundenen Ausdrücke für x und y construirt ist, besitzt da-her dieselbe Eigenschaft, die, wie wir schon bemerkt haben,

den stereographischen und den reducirten Karten gemeinsam
ist; dieselbe besteht darin, dass jeder unendlich kleine Theil
der Erdoberfläche seine Gestalt auf der Karte behält und nur
seine Grösse ändert. Man kann aus unserer Ableitung leicht
erkennen, dass die in Rede stehenden Ausdrücke nothwendig
das Gesetz für das Entwerfen aller geographischen Karten
enthalten, bei denen die eben erwähnte Bedingung erfüllt wird.

5. Um nunmehr die unbekannten Functionen zu bestimmen,
die in den Ausdrücken von x und y auftreten, beachte man,
dass man, wenn in diesen Ausdrücken $t = 0$ gesetzt wird,
die Coordinaten der Punkte derjenigen Curve erhält, welche
den Anfangsmeridian darstellt. Die Werthe dieser Coordinaten
sind

$$x = \frac{f(u) + F(u)}{2}, \quad y = \frac{f(u) - F(u)}{2i};$$

sie können beliebige Functionen von u sein, da ja f und F
willkürliche Functionen bezeichnen. In Folge dessen kann
man annehmen, dass der Anfangsmeridian eine beliebige Curve
ist, und dass ferner die Aenderungen der Breite auf diesem
Meridian nach einem beliebigen Gesetze erfolgen.

In der That nimmt man an, dass für den Anfangsmeridian

$$x = \varphi(u); \quad y = \Phi(u)$$

ist, wo φ und Φ zwei beliebige Functionen von u bezeichnen,
so hat man

$$\frac{f(u) + F(u)}{2} = \varphi(u), \quad \frac{f(u) - F(u)}{2i} = \Phi(u).$$

woraus

$$f(u) = \varphi(u) + i\Phi(u), \quad F(u) = \varphi(u) - i\Phi(u)$$

folgt. Durch Einsetzen dieser Ausdrücke für f und F in die
allgemeinen Ausdrücke für x und y erhält man für letztere
folgende Gleichungen:

$$x = \frac{\varphi(u + it) + \varphi(u - it)}{2} + i\frac{\Phi(u + it) - \Phi(u - it)}{2},$$

$$[171 \quad y = \frac{\Phi(u + it) + \Phi(u - it)}{2} + \frac{\varphi(u + it) - \varphi(u - it)}{2i}.$$

Diese Ausdrücke haben den Vortheil, dass das Imaginäre
sich stets forthebt.

6. Wiewohl diese Bestimmung der willkürlichen Functionen als die natürlichste und einfachste erscheint, ist sie doch keineswegs für unsre Aufgabe die geeignetste. Denn es ist nicht zweckmässig, die Lage der auf dem Anfangsmeridian liegenden Orte als gegeben anzunehmen, sondern man muss die Gestalt der Meridiane und Parallelkreise als gegeben betrachten, da man zunächst diese Linien auf der Karte ziehen muss, um nachher die verschiedenen Orte der Erde einzuzeichnen. Demnach reducirt sich unsre Aufgabe darauf, die Form der unbekannten Functionen der allgemeinen Lösung derart zu bestimmen, dass die Meridiane und die Parallelkreise Linien von gegebener Art werden. Diese Aufgabe, die bisher noch nicht behandelt ist, ist eine sehr schwierige; sie allgemein zu lösen, ist vielleicht unmöglich. Für die Bedürfnisse der Geographie indessen genügt es, den speciellen Fall zu behandeln, in dem den Meridianen und Parallelkreisen Kreisbogen der Karte entsprechen sollen, eine Forderung, die bei der stereographischen Projection und den Seekarten erfüllt ist. Denn bei dem Entwerfen geographischer Karten wird man naturgemäss den Kreis allen andern Curven vorziehen, da man Kreise mittelst des Zirkels sehr leicht und sehr genau zeichnen kann.

7. Die hauptsächlichste Eigenschaft des Kreises ist nun die, dass sein Krümmungsradius constant ist. Wir suchen daher zunächst allgemein den Ausdruck für die Krümmungsradien derjenigen Curven, welche nach den allgemeinen Formeln von Nr. 3 die Meridiane und Parallelkreise darstellen. Ist eine Curve auf rechtwinklige Coordinaten x, y bezogen, so ist der Ausdruck für ihren Krümmungsradius bekanntlich

$$\frac{(dx^2 + dy^2)^{\frac{3}{2}}}{dy\,d^2x - dx\,d^2y}.$$

Ferner übersieht man leicht, dass für die Meridiane nur [172] s oder u in den Ausdrücken für x und y variabel ist, für die Parallelkreise hingegen nur t. Nach Nr. 3 ist nun allgemein

$$dx = \alpha\,du - \beta\,dt, \quad dy = \beta\,du + \alpha\,dt;$$

mithin hat man für die Meridiane:

$$dx = \alpha\,du, \quad dy = \beta\,du, \quad d^2x = \frac{\partial\alpha}{\partial u}\,du^2, \quad d^2y = \frac{\partial\beta}{\partial u}\,du^2.$$

Bezeichnet man daher den Krümmungsradius irgend eines Meridians der Karte mit r, so ist

$$\frac{1}{r} = \frac{\beta \frac{\partial \alpha}{\partial u} - \alpha \frac{\partial \beta}{\partial u}}{(\alpha^2 + \beta^2)^{\frac{3}{2}}}.$$

Für die Parallelkreise wird

$$dx = -\beta dt, \quad dy = \alpha dt, \quad d^2x = \frac{\partial \beta}{\partial t} dt^2, \quad d^2y = \frac{\partial \alpha}{\partial t} dt^2.$$

Wenn daher ϱ den Krümmungsradius der Curve bezeichnet, die auf der Karte einen Parallelkreis darstellt, so ist

$$\frac{1}{\varrho} = \frac{\beta \frac{\partial \alpha}{\partial t} - \alpha \frac{\partial \beta}{\partial t}}{(\alpha^2 + \beta^2)^{\frac{3}{2}}}.$$

Weiter ist die Bedingung dafür zu beachten, dass die Ausdrücke $\alpha du - \beta dt$ und $\beta du + \alpha dt$ exacte Differentiale sind; vermöge derselben ist

$$\frac{\partial \alpha}{\partial t} = -\frac{\partial \beta}{\partial u}, \quad \frac{\partial \beta}{\partial t} = \frac{\partial \alpha}{\partial u}.$$

Somit können an Stelle der obigen Ausdrücke für $\frac{1}{r}$ und $\frac{1}{\varrho}$ die folgenden treten:

$$\frac{1}{r} = \frac{\beta \frac{\partial \beta}{\partial t} + \alpha \frac{\partial \alpha}{\partial t}}{(\alpha^2 + \beta^2)^{\frac{3}{2}}}, \quad \frac{1}{\varrho} = -\frac{\beta \frac{\partial \beta}{\partial u} + \alpha \frac{\partial \alpha}{\partial u}}{(\alpha^2 + \beta^2)^{\frac{3}{2}}},$$

oder auch

$$\frac{1}{r} = -\frac{\partial \left(\frac{1}{\sqrt{\alpha^2 + \beta^2}} \right)}{\partial t}, \quad \frac{1}{\varrho} = \frac{\partial \left(\frac{1}{\sqrt{\alpha^2 + \beta^2}} \right)}{\partial u}.$$

Nun ist aber oben (Nr. 1) gefunden, dass

$$\alpha^2 + \beta^2 = f'(u + it) f'(u - it).$$

Substituirt man diesen Ausdruck und setzt zugleich zur Abkürzung ¡173

$$\varrho = \frac{1}{\sqrt{f'(u + it) f'(u - it)}},$$

so hat man die einfachen Ausdrücke

$$\frac{1}{r} = -\frac{\partial \Omega}{\partial t}, \quad \frac{1}{\varrho} = \frac{\partial \Omega}{\partial u}.$$

8. Die eben definirte Grösse Ω dient auch dazu, den Werth von m zu bestimmen. Denn nach Nr. 4 ist

$$m = \frac{1}{q \Omega}.$$

Da nun q eine durch die Gestalt des Meridians gegebene Function des Meridianbogens s, und da

$$du = \frac{ds}{q}$$

ist, so folgt, dass man q auch als eine Function von u ansehen kann.

Wollte man es daher so einrichten, dass die Grösse m constant, oder dass dieselbe nur von u abhängig wäre, d. h. dass m in allen Punkten eines Parallelkreises denselben Werth hätte, so müsste Ω eine Function von u allein sein ohne t.

Dann wäre $\dfrac{\partial \Omega}{\partial t} = 0$, mithin nach der vorhergehenden Nummer $\dfrac{1}{r} = 0$, oder $r = \infty$; daher müssten alle Meridiane der Karte dann gerade Linien sein. Wir werden später sehen, dass die Annahme, dass m und damit $\Omega = \dfrac{1}{mq}$ eine gegebene Function von u allein ist, eine bestimmte Gestalt der Erde erfordern würde.

9. Wir wollen nun allgemein annehmen, dass alle Meridiane der Karte beliebige Kreise sein sollen. Diese Annahme, welche auch den vorher erörterten Fall, in dem die Meridiane gerade Linien sind, umfasst, erfordert, dass der Werth von r auf jedem Meridian constant ist und sich nur von einem Meridian zum andern ändert. Demzufolge kann r und damit $\dfrac{\partial \Omega}{\partial t}$ nur eine Function von t allein sein, und die Ableitung von $\dfrac{\partial \Omega}{\partial t}$ nach u muss verschwinden. Somit ist die Bedingung dafür, dass alle Meridiane Kreise sind:

$$\frac{\delta^2 \Omega}{\delta l \delta u} = 0.$$

Integrirt man diese Gleichung 174] nach l, so folgt

$$\frac{\delta \Omega}{\delta u} = U,$$

wo U eine willkürliche Function von u ist, die l nicht enthält. Es ist daher

$$\frac{1}{\varrho} = U,$$

eine Gleichung, die erkennen lässt, dass die Parallelkreise gleichfalls Kreise werden, da ihr Krümmungsradius eine Function von u allein ist und daher auf dem ganzen Parallelkreise denselben Werth hat. Ebenso kann man umgekehrt zeigen, dass wenn die Parallelkreise auf der Karte Kreise werden, dasselbe auch von den Meridianen gilt. Die einzige Bedingung dafür, dass das Gradnetz nur aus Kreisen gebildet wird, ist somit

$$\frac{\delta^2 \Omega}{\delta l \delta u} = 0.$$

Wir haben noch zu untersuchen, wie die Functionen f und F beschaffen sein müssen, damit dieser Bedingung genügt werde.

10. Um diese Untersuchung zu erleichtern, betrachte man zunächst zwei andere Functionen φ und Φ, die mit f und F durch die Gleichungen

$$\varphi(z) = \frac{1}{\sqrt{f'(z)}}, \quad \Phi(z) = \frac{1}{\sqrt{F'(z)}}$$

verbunden sind. Der Ausdruck für Ω wird dann:

$$\Omega = \varphi(u + il) \cdot \Phi(u - il).$$

Man differentiire diese Gleichung zweimal, zuerst nach u, dann nach l, bezeichne ferner die Ableitungen von φ, Φ mit φ', φ'', resp. Φ', Φ'', so dass

$$\varphi'(z) = \frac{d\varphi(z)}{dz}, \; \varphi''(z) = \frac{d^2\varphi(z)}{dz^2}, \; \Phi'(z) = \frac{d\Phi(z)}{dz}, \; \Phi''(z) = \frac{d^2\Phi(z)}{dz^2}$$

ist. Dann ergiebt sich:

$$\frac{\partial \Omega}{\partial u} = \varphi'(u + it)\,\Phi(u - it) + \Phi'(u - it)\,\varphi(u + it).$$

$$\frac{\partial^2 \Omega}{\partial u\,\partial t} = i\,[\varphi''(u + it)\,\Phi(u - it) - \varphi'(u + it)\,\Phi'(u - it)$$
$$- \Phi''(u - it)\,\varphi(u + it) + \Phi'(u - it)\,\varphi'(u + it)].$$

[175] Die Bedingung $\dfrac{\partial^2 \Phi}{\partial u\,\partial t} = 0$ ergiebt daher

$$\varphi''(u + it)\,\Phi(u - it) - \Phi''(u - it)\,\varphi(u + it) = 0,$$

oder

$$\frac{\varphi''(u + it)}{\varphi(u + it)} = \frac{\Phi''(u - it)}{\Phi(u - it)}.$$

Die Ausdrücke auf beiden Seiten dieser Gleichung müssen identisch gleich sein, d. h. sie müssen dieselbe Grösse haben, unabhängig von irgend einer Gleichung zwischen t und u. Da nun der eine eine Function von $u + it$, der andere eine Function von $u - it$ ist, so können sie nur dann identisch gleich sein, wenn jeder gleich einer Constanten ist.

Bezeichnet daher k eine willkürliche Constante, so erhält man die beiden Gleichungen:

$$\frac{\varphi''(u + it)}{\varphi(u + it)} = k, \quad \frac{\Phi''(u - it)}{\Phi(u - it)} = k.$$

Da es gleichgültig ist, wie man die Variable unter dem Functionszeichen bezeichnet, so kann man die Gleichungen einfacher so schreiben:

$$\frac{\varphi''(z)}{\varphi(z)} = k, \quad \frac{\Phi''(z)}{\Phi(z)} = k,$$

und diese kann man nach bekannten Regeln integriren.

Durch Ausführung der Integration ergiebt sich

$$\varphi(z) = M e^{z\sqrt{k}} + N e^{-z\sqrt{k}}, \quad \Phi(z) = P e^{z\sqrt{k}} + Q e^{-z\sqrt{k}},$$

wo M, N, P, Q beliebige, positive oder negative, reelle oder imaginäre Constanten bezeichnen.

Nun war aber

$$\varphi(z) = \frac{1}{\sqrt{f''(z)}}, \quad \Phi(z) = \frac{1}{\sqrt{F''(z)}};$$

daher wird

$$f'(z) = \cfrac{1}{\left(Me^{z\sqrt{k}} + Ne^{-z\sqrt{k}}\right)^2} = \cfrac{e^{2z\sqrt{k}}}{\left(Me^{2z\sqrt{k}} + N\right)^2}$$

$$(176)\quad F'(z) = \cfrac{1}{\left(Pe^{z\sqrt{k}} + Qe^{-z\sqrt{k}}\right)^2} = \cfrac{e^{2z\sqrt{k}}}{\left(Pe^{2z\sqrt{k}} + Q\right)^2}.$$

Integrirt man noch einmal, so ergiebt sich:

$$f(z) = -\cfrac{1}{2M\left(Me^{2z\sqrt{k}} + N\right)\sqrt{k}} + G,$$

$$F(z) = -\cfrac{1}{2P\left(Pe^{2z\sqrt{k}} + Q\right)\sqrt{k}} + H,$$

wo G und H neue willkürliche Constanten sind. Somit ist die Form der willkürlichen Functionen bestimmt, und wenn man an Stelle von z in $f(z)$ $u + it$, in $F(z)$ aber $u - it$ setzt, so ergeben sich die Ausdrücke

$$f(u + it) = -\cfrac{1}{2M(Me^{2u\sqrt{k}+2t\sqrt{-k}} + N)\sqrt{k}} + G,$$

$$F(u - it) = -\cfrac{1}{2P(Pe^{2u\sqrt{k}-2t\sqrt{-k}} + Q)\sqrt{k}} + H,$$

und diese sind in die Werthe von x und y Nr. 3, zu substituiren.

11. Ehe ich diese Substitution vornehme, bemerke ich, dass die Grösse k positiv oder negativ sein kann. Für beide Fälle werden die Formeln scheinbar verschieden; indessen besteht der ganze Unterschied nur darin, dass t und u mit einander vertauscht werden. Das ist hinsichtlich des Werthes von $f(u + it)$ evident. Um dasselbe auch für $F(u - it)$ zu zeigen, setze man an Stelle der willkürlichen Constante H die ebenfalls willkürliche Constante $\cfrac{1}{2PQ\sqrt{k}} + H$, bringe die beiden Brüche auf denselben Nenner und dividire dann Zähler und Nenner durch $e^{2u\sqrt{k}-2t\sqrt{-k}}$, so erhält man

$$F(u - it) = \cfrac{1}{2Q(Qe^{-2u\sqrt{k}+2t\sqrt{-k}} + P)\sqrt{k}} + H;$$

2*

[177] wenn man in diesem Ausdruck das Vorzeichen von k ändert, so geht er aus dem vorhergehenden (Nr. 10) dadurch hervor, dass man t und u vertauscht und die Constanten anders bezeichnet. Daraus können wir schliessen, dass es genügt, den Fall zu betrachten, in dem k eine positive Grösse ist, und dass man für den Fall eines negativen k nur in den Endresultaten t und u zu vertauschen hat. Auch aus der Fundamentalgleichung (Nr. 3)

$$dx^2 + dy^2 = n^2(du^2 + dt^2)$$

erkennt man, dass man u und t vertauschen kann.

12. Es soll nun der Einfachheit halber $k = c^2$ gesetzt werden, so wird

$$x = -\frac{1}{4\,cM(Me^{2cu+2icl} + N)} - \frac{1}{4\,cP(Pe^{2cu-2icl} + Q)} + \frac{G+H}{2},$$

$$y = -\frac{1}{4\,icM(Me^{2cu+2icl} + N)} + \frac{1}{4\,icP(Pe^{2cu-2icl} + Q)} + \frac{G-H}{2i},$$

und hierin sind noch die willkürlichen Constanten so zu bestimmen, dass das Imaginäre sich forthebt.

Dazu hat man zunächst

$$\frac{G+H}{2} = A, \qquad \frac{G-H}{2i} = B$$

zu setzen, wo A und B beliebige reelle Constanten sind. Setzt man ferner allgemein

$$M = C + iD, \quad N = E + iJ,$$

wo C, D, E, J ebenfalls beliebige reelle Constanten sind, so muss man, wie leicht ersichtlich,

$$P = C - iD, \quad Q = E - iJ$$

setzen, damit in den obigen Ausdrücken für x, y das Imaginäre fortfällt. Statt dessen setzen wir, was auf dasselbe hinauskommt, [178]

$$M = a(\cos g + i \sin g) = ae^{ig},$$
$$N = b(\cos h + i \sin h) = be^{ih},$$
$$P = a(\cos g - i \sin g) = ae^{-ig},$$
$$Q = b(\cos h - i \sin h) = be^{-ih},$$

wo a, b, g, h willkürliche reelle Constanten sind. Nach Substitution vorstehender Ausdrücke und einigen einfachen Reductionen ergiebt sich:

$$x - A = \frac{a\cos 2(ct + g) + b\cos(g + h)\cdot e^{2cu}}{2ac[a^2 e^{2cu} + 2ab\cos(2ct + g - h) + b^2 e^{-2cu}]},$$

$$y = B + \frac{a\sin 2(ct + g) + b\sin(g + h)\cdot e^{2cu}}{2ac[a^2 e^{2cu} + 2ab\cos(2ct + g - h) + b^2 e^{-2cu}]}.$$

13. Eliminirt man aus den letzten beiden Gleichungen die Variable u, so erhält man eine Gleichung zwischen x, y und t; und zwar ist dies die Gleichung aller Curven, welche die den verschiedenen Längen t entsprechenden Meridiane darstellen. Umgekehrt ergiebt die Elimination von t eine Gleichung zwischen x, y und u, und dies ist die gemeinsame Gleichung aller Curven, welche die verschiedenen Parallelkreise darstellen.

Um die Elimination zu erleichtern, bilde man zunächst die Summe aus $(x - A)^2$ und $(y - B)^2$. Für diese ergiebt sich:

$$(x - A)^2 + (y - B)^2$$
$$= \frac{e^{-2cu}}{4a^2c^2[a^2 e^{2cu} + 2ab\cos(2ct + g - h) + b^2 e^{-2cu}]},$$

und daraus folgt:

$$a^2 e^{2cu} + 2ab\cos(2ct + g - h) + b^2 e^{-2cu}$$
$$= \frac{e^{-2cu}}{4a^2c^2[(x - A)^2 + (y - B)^2]}.$$

Durch Substitution des letzten Ausdrucks gehen die für x und y abgeleiteten Gleichungen (Nr. 12) in folgende über:

$$\frac{x - A}{(x - A)^2 + (y - B)^2} = -2ac[ac e^{2cu}\cos 2(ct + g) + b\cos(g + h)].$$

$$\frac{y - B}{(x - A)^2 + (y - B)^2} = 2ac[ac e^{2cu}\sin 2(ct + g) + b\sin(g + h)].$$

aus diesen aber kann man leicht u oder t eliminiren.

[179] 14. Eliminirt man zuerst die Grösse e^{2cu}, so erhält man die Gleichung:

$$\frac{(x - A)\sin 2(ct + g) + (y - B)\cos 2(ct + g)}{(x - A)^2 + (y - B)^2} = -2abc\sin(2ct + g - h);$$

und diese reducirt sich auf folgende:

$$\left[x - A + \frac{\sin 2(ct + g)}{4\,abc\,\sin(2\,ct + g - h)}\right]^2 + \left[y - B + \frac{\cos 2(ct + g)}{4\,abc\,\sin(2\,ct + g - h)}\right]^2$$

$$= \frac{1}{[4\,abc\,\sin(2\,ct + g - h)]^2}.$$

Das ist offenbar die Gleichung eines Kreises. Nennt man r den Radius des Kreises und bezeichnet mit X und Y die Coordinaten seines Mittelpunktes, so wird

$$r = \frac{1}{4\,abc\,\sin(2\,ct + g - h)},$$
$$X = A - r\,\sin 2(ct + g),$$
$$Y = A - r\,\cos 2(ct + g).$$

Eliminirt man noch den Winkel t aus den Ausdrücken für X und Y, so erhält man:

$$(X - A)\cos(g + h) - (Y - B)\sin(g + h) + \frac{1}{4\,abc} = 0,$$

und diese Gleichung giebt den Ort für alle in Rede stehenden Mittelpunkte, d. h. für die Mittelpunkte aller Kreise, welche die Meridiane darstellen. Man sieht, dass dieser Ort eine gerade Linie ist, die mit der Abscissenaxe einen Winkel bildet, dessen Tangente $= \dfrac{dY}{dX} = \cotg(g + h)$ ist. Jener Winkel selbst ist somit $90^\circ - g - h$.

15. Eliminirt man ferner aus den letzten Formeln von Nr. 13 den Winkel t, so erhält man:

$$\left[\frac{x - A}{(x - A)^2 + (y - B)^2} + 2\,abc\,\cos(g + h)\right]^2$$
$$+ \left[\frac{y - B}{(x - A)^2 + (y - B)^2} - 2\,abc\,\sin(g + h)\right]^2 = 4\,a^4 c^2 e^{4cu},$$

oder [180]

$$\frac{1 + 4\,abc\,\cos(g + h)\cdot(x - A) - 4\,abc\,\sin(g + h)\cdot(y - B)}{(x - A)^2 + (y - B)^2} = 4\,a^2 c^2 (a^2 e^{4cu} - b^2),$$

und diese Gleichung lässt sich leicht in folgende umformen:

$$\left[x - A - \frac{b\,\cos(g + h)}{2\,ac(a^2 e^{4cu} - b^2)}\right]^2 + \left[y - B + \frac{b\,\sin(g + h)}{2\,ac(a^2 e^{4cu} - b^2)}\right]^2$$

$$= \frac{e^{4cu}}{4\,c^2(a^2 e^{4cu} - b^2)^2}.$$

Auch dies ist die Gleichung eines Kreises. Nennt man den Radius desselben ϱ und bezeichnet die Coordinaten seines Mittelpunktes mit ξ und η_1, so wird

$$\varrho = \frac{e^{2cu}}{2c(a^2e^{4cu} - b^2)},$$

$$\xi = A + \frac{b}{a} \cos(g + h \cdot \varrho e^{2cu}),$$

$$\eta_1 = B - \frac{b}{a} \sin(g + h) \cdot \varrho e^{2cu}.$$

Eliminirt man aus den beiden letzten Gleichungen u, so erhält man für den Ort der Mittelpunkte derjenigen Kreise, welche die Parallelkreise darstellen, die Gleichung

$$(\xi - A) \sin g + h + (\eta_1 - B) \cos(g + h) = 0;$$

dieselbe stellt eine gerade Linie dar, welche gegen die Abscissenaxe unter einem Winkel geneigt ist, dessen Tangente

$$-\frac{d\eta}{d\xi} = -\operatorname{tg} g + h \text{ ist.}$$

Jener Winkel selbst ist also $180^0 - g - h$. Mithin steht die in Rede stehende Linie auf derjenigen senkrecht, auf welcher nach Nr. 11 die Mittelpunkte aller Meridiane liegen.

16. Wir wollen noch den Werth der Grösse m suchen, welche das Verhältniss ausdrückt, in dem jede Gegend der Erde auf der Karte vergrössert oder verkleinert wird, ohne dabei ihre natürliche Gestalt zu ändern. [181] Nach Nr. 8 ist $m = \dfrac{1}{q\,\Omega}$, man hat also nur den Werth der Grösse Ω zu suchen. Wenn man in dem Ausdruck für Ω, der sich in Nr. 10 ergab, an Stelle der mit q und Φ bezeichneten Functionen ihre in derselben Nummer gefundenen Werthe setzt, so erhält man:

$$\Omega = MPe^{2u \mid k} + NQe^{-2u \mid k}$$
$$+ MQe^{2t \mid k} + NPe^{-2t \mid k}.$$

und dieser Ausdruck reducirt sich, wenn man M, N, P, Q, k, wie in Nr. 12, durch a, b, g, h, c ausdrückt, auf den folgenden:

$$\Omega = a^2e^{2cu} + 2ab\cos(2ct + g - h) + b^2 \cdot e^{-2cu}.$$

Daher wird

$$m = \frac{1}{q\left[a^2 e^{2cu} + 2\,a\,b\,\cos(2\,c\,t + g - h) + b^2 e^{-2cu}\right]}.$$

17. Der vorstehende Werth von Ω kann dazu dienen, die Richtigkeit unserer Formeln zu prüfen. Denn wir sahen (Nr. 7), dass die Radien r und ϱ der Meridiane und Parallelkreise stets durch folgende Gleichungen bestimmt sind:

$$\frac{1}{r} = -\frac{\delta\Omega}{\delta t}, \quad \frac{1}{\varrho} = \frac{\delta\Omega}{\delta u}.$$

Setzt man hierin für Ω den in Nr. 16 gefundenen Werth, so muss man für r und ϱ dieselben Werthe erhalten, die wir oben aus den Gleichungen der Kreise entnommen hatten, welche die Meridiane und Parallelkreise darstellen. In der That gelangt man durch Ausführung der Differentiation zu den oben ermittelten Werthen von r und ϱ.

18. Nunmehr wird es am Platze sein, zu untersuchen, welche Bedingungen erfüllt werden müssen, damit die Grösse m constant oder von u allein abhängig sei, ohne t zu enthalten. Wir haben bereits in Nr. 8 gesehen, dass in diesem Falle alle Meridiane der Karte gerade Linien werden; daher bleiben die oben für den allgemeineren Fall, in dem die Meridiane beliebige Kreise werden, aufgestellten Formeln auch hier gültig. Es handelt sich somit nur darum, zu sehen, ob der in Nr. 16 ermittelte Ausdruck für m eine Function von u allein werden kann. Da nun q als nur von u abhängig angesehen werden kann, so muss das von t abhängige Glied, d. h. das Glied $2\,a\,b\,\cos(2\,c\,t + g - h)$, von selbst verschwinden. Das kann nur eintreten, wenn entweder $a = 0$ oder $b = 0$ ist. Im ersten Falle wird

$$m = \frac{1}{q\,b^2 e^{-2cu}},$$

im zweiten dagegen

$$m = \frac{1}{q\,a^2 e^{2cu}}.$$

Allgemein wird [182] daher

$$q = \frac{A e^{Bu}}{m},$$

wo A und B irgend welche Constanten sind. Diese Gleichung dient nun dazu, die Gestalt der Meridiane zu bestimmen, sobald m als Function von u gegeben ist. Differentiirt man logarithmisch, so folgt:

$$\frac{dq}{q} = Bdu - \frac{dm}{m};$$

und da $du = \dfrac{ds}{q}$ ist, so wird weiter

$$dq + q\,\frac{dm}{m} = Bds.$$

Multiplicirt man mit m und integrirt, so ergiebt sich

$$mq = B\int m\,ds + C, \quad \text{oder} \quad q = \frac{B\int m\,ds + C}{m}.$$

Dadurch erhält man q als Function von s, wenn m eine gegebene Function von s ist.

Sollte daher m constant werden, so müsste

$$q = Bs + \frac{C}{m}$$

sein; d. h. die Meridiancurve der Erde müsste eine gerade Linie, die Erde selbst von einer Kegelfläche begrenzt sein.

19. Die bisherigen Formeln sind unabhängig von der Gestalt der Meridiancurve der Erde. Um diese Formeln für die Construction geographischer Karten verwenden zu können, muss man wissen, wie die Variable u von der geographischen Breite abhängt. u war ja durch die Gleichung $du = \dfrac{ds}{q}$ definirt, falls s den vom Pol an gezählten Bogen des Meridians bezeichnet, q die auf der Erdaxe senkrechte Ordinate.

Nimmt man, wie es gewöhnlich bei geographischen Karten geschieht, die Erde als kugelförmig an und wählt der Einfachheit wegen als Längeneinheit den Erdradius, so ist

$$q = \sin s,$$

und der Bogen s ist zugleich die Poldistanz oder das Complement der Breite. In diesem Falle ist also

$$du = \frac{ds}{\sin s}.$$

und durch Integration dieser Gleichung folgt

$$u = \tfrac{1}{2} \log \frac{1 - \cos s}{1 + \cos s} = \log \tan \frac{s}{2} \cdot$$

Fügt man noch eine willkürliche Integrationsconstante hinzu, die mit $\log k$ bezeichnet werde, so wird

$$u = \log \left(k \, \tan \frac{s}{2} \right)$$

und daher

$$e^{cu} = \left(k \, \tan \frac{s}{2} \right)^c \cdot$$

Demnach verschwinden die Exponentialgrössen aus unseren Formeln, es bleiben allein sinus und cosinus darin übrig. Um aber unserer Lösung die ganze Allgemeinheit zu geben [183], deren sie fähig ist, ist es nothwendig, die Werthe von q und u zu bestimmen, ohne sich auf die Annahme einer kugelförmigen Erde zu beschränken.

Wir wollen daher annehmen, dass die Erde ein an den Polen abgeplattetes Rotationsellipsoid sei. Wir wählen den Aequatorialradius oder die halbe grosse Axe der Meridianellipse als Längeneinheit und bezeichnen die halbe kleine Axe der Ellipse, d. h. die halbe Erdaxe, mit γ. Zählen wir, ebenso wie in Nr. 1, die Abscissen p auf der letzteren Halbaxe vom Scheitel derselben aus, so wird die Gleichung der Ellipse:

$$(\gamma - p)^2 + \gamma^2 q^2 = \gamma^2.$$

Aus derselben folgt durch Differentiation

$$\frac{dp}{dq} = \frac{\gamma^2 q}{\gamma - p} \cdot$$

Nun ist aber $\dfrac{dp}{dq}$ gleich der Tangente des Winkels, welchen die Normale der Ellipse mit der Abscissenaxe p bildet; mithin ist $\dfrac{dp}{dq}$ auch gleich der Tangente des Winkels, welcher die Poldistanz oder das Complement der Breite ausdrückt.

Bezeichnet man also die Poldistanz oder das Complement der Breite allgemein mit z, so ist

$$\tan z = \frac{dp}{dq} = \frac{\gamma^2 q}{\gamma - p} \cdot$$

folglich

$$q = \frac{(\gamma - p)\,\mathrm{tang}\,z}{\gamma^2}.$$

Setzt man diesen Ausdruck für q in die Gleichung der Ellipse, so ergiebt sich

$$\gamma - p = \frac{\gamma^2}{\sqrt{\gamma^2 + \mathrm{tang}^2\,z}}$$

und somit

$$q = \frac{\mathrm{tang}\,z}{\sqrt{\gamma^2 + \mathrm{tang}^2\,z}}.$$

Durch Differentiation erhält man

$$dp = \frac{\gamma^2\,\mathrm{tang}\,z \cdot d\,\mathrm{tang}\,z}{\{\gamma^2 + \mathrm{tang}^2\,z\}^{\frac{3}{2}}}. \qquad dq = \frac{\gamma^2\,d\,\mathrm{tang}\,z}{\{\gamma^2 + \mathrm{tang}^2\,z\}^{\frac{3}{2}}}.$$

Somit wird

$$ds = \sqrt{dp^2 + dq^2} = \frac{\gamma^2\sqrt{1 + \mathrm{tang}^2\,z}}{\{\gamma^2 + \mathrm{tang}^2\,z\}^{\frac{3}{2}}} \cdot d\,\mathrm{tang}\,z.$$

Ferner wird

$$du = \frac{ds}{q} = \frac{\gamma^2\sqrt{1 + \mathrm{tang}^2 z}}{\mathrm{tang}\,z\,[\gamma^2 + \mathrm{tang}^2 z]}\,d\,\mathrm{tang}\,z = \frac{\gamma^2\,dz}{\sin z\,[\gamma^2\cos^2 z + \sin^2 z]}.$$

Es sei nun

$$1 - \gamma^2 = \epsilon^2,$$

d. h. ϵ sei die Excentricität der Meridianellipse der Erde. Dann kann man die letzte Gleichung so schreiben:

$$du = \frac{\gamma^2\,dz}{\sin z\,[\gamma^2 + \epsilon^2\sin^2 z]} = \frac{dz}{\sin z} - \frac{\epsilon^2\sin z\,dz}{1 - \epsilon^2\cos^2 z}$$

[184] Da nun

$$\int \frac{dz}{\sin z} = \frac{1}{2}\log\frac{1 - \cos z}{1 + \cos z} = \log\mathrm{tang}\frac{z}{2},$$

$$\int \frac{\epsilon^2\sin z \cdot dz}{1 - \epsilon^2\cos^2 z}\,dz = \frac{\epsilon}{2}\log\frac{1 - \epsilon\cos z}{1 + \epsilon\cos z}$$

ist, so erhält man, falls man die noch hinzuzufügende willkürliche Constante mit log k bezeichnet,

$$u = \log\left[k \, \text{tang} \, \frac{z}{2} \cdot \left(\frac{1 + \varepsilon \cos z}{1 - \varepsilon \cos z}\right)^{\frac{1}{2}\varepsilon}\right].$$

Ersetzt man auch in dem Ausdruck für q die Grösse $1 - \gamma^2$
durch ε^2, so wird

$$q = \frac{\sin z}{\sqrt{1 - \varepsilon^2 \cos^2 z}}.$$

Für den Fall einer kugelförmigen Erde ist $\varepsilon = 0$, daher

$$u = \log\left[k \, \text{tang} \, \frac{z}{2}\right],$$

was mit dem oben gefundenen Resultate übereinstimmt. Die
beiden Ausdrücke für u kann man auf dieselbe Form bringen,
wenn man den Hülfswinkel ζ durch die Gleichung

$$\text{tang} \, \frac{\zeta}{2} = \text{tang} \, \frac{z}{2} \cdot \left(\frac{1 + \varepsilon \cos z}{1 - \varepsilon \cos z}\right)^{\frac{1}{2}\varepsilon}$$

einführt. Dann gilt allgemein die Formel

$$u = \log\left[k \, \text{tang} \, \frac{\zeta}{2}\right].$$

Man kann daher den Winkel ζ als die wegen der Abplattung
der Erde verbesserte Poldistanz ansehen, und da die Excentricität ε sehr klein ist, kann man die in Rede stehende Cor-
rection, d. h. die Differenz $\zeta - z$, mittelst einer stark con-
vergirenden Reihe berechnen, wenn man die Formeln benutzt,
die ich in den Abhandlungen von 1776 (S. 217) aufgestellt
habe. Nach diesen Formeln ist

$$\zeta = z - 2\,\theta \sin z + \frac{2\,\theta^2}{2} \sin 2z - \frac{2\,\theta^3}{3} \sin 3z + \cdots,$$

falls

$$\theta = \frac{(1 - \varepsilon \cos z)^{\frac{1}{2}\varepsilon} - (1 + \varepsilon \cos z)^{\frac{1}{2}\varepsilon}}{(1 - \varepsilon \cos z)^{\frac{1}{2}\varepsilon} + (1 + \varepsilon \cos z)^{\frac{1}{2}\varepsilon}}$$

ist. Entwickelt man Zähler und Nenner des letzten Ausdrucks in eine Reihe, so kann man auch schreiben:

$$0 = - \cfrac{\iota^2 \cos z + \cfrac{\iota^4(\iota - 2)(\iota - 1)}{4 \cdot 6} \cos^3 z + \cdots}{2 + \cfrac{\iota^3(\iota - 2)}{4} \cos^2 z + \cdots}$$

[185] Vernachlässigt man Grössen von der Ordnung ι^4, so wird

$$0 = - \tfrac{1}{2} \iota^2 \cos z , \quad \zeta = z + \tfrac{1}{2} \iota^2 \sin 2z;$$

und diese Näherung ist so genau, wie man nur wünschen kann.

20. Wir haben hiermit eine allgemeine Lösung derjenigen geographischen Aufgabe gefunden, von der die stereographische Projection nur einen besonderen Fall bildet. Der grosse Nutzen, den diese Projection bei dem Entwerfen geographischer Karten gewährt, beruht auf den folgenden beiden Eigenschaften, die wir schon im Anfang der Abhandlung erwähnt haben: 1) jeder Theil der Erdoberfläche besitzt auf der Karte eine Gestalt, die derjenigen, welche derselbe Theil auf der Kugel hat, ähnlich ist; 2) alle Meridiane und Parallelkreise der Erde werden auf der Karte durch Kreise dargestellt. Wir haben diese beiden Bedingungen als gegeben angenommen und sind dann zu einer allgemeinen Lösung der Aufgabe gelangt, einer Lösung, die nothwendig alle möglichen Arten, jenen Bedingungen zu genügen, einschliesst. Aus dieser Lösung ergeben sich übrigens verschiedene Folgerungen. Die Ableitung derselben wird den Inhalt einer zweiten Abhandlung bilden, welche die vorliegenden Untersuchungen weiter führen soll.

----

[186]   Z w e i t e   A b h a n d l u n g.

Fortsetzung der Untersuchungen über die Construction geographischer Karten.

Unter den verschiedenen Methoden, die man für die Construction von Erdkarten erdacht hat, giebt es zwei, die vorzugsweise die Aufmerksamkeit der Geometer verdienen; die eine beruht auf den Principien der von *Ptolemaeus* herrührenden stereographischen Projection, die andere hängt von der Theorie der vergrösserten Breiten ab. Die erste Methode wendet man gewöhnlich bei den Weltkarten und den eigentlichen Landkarten an; sie hat den Vortheil, dass alle Meridiane und Parallelkreise der Erde und überhaupt alle Kreise einer Kugel ebenfalls durch Kreise dargestellt werden. Die zweite Methode ist dagegen lediglich für Seekarten bestimmt; sie unterscheidet sich von der ersten darin, dass bei ihr alle Meridiane und Parallelkreise durch gerade Linien dargestellt werden. Beide Arten der Abbildung haben die Eigenschaft gemein, dass bei ihnen die Gestalt eines jeden unendlich kleinen Theiles der Erdoberfläche ungeändert bleibt, so dass alle Winkel, die irgend zwei Linien auf der Erde bilden, auf den nach diesen Methoden construirten Karten ihre Grösse behalten.

Berücksichtigt man nur die letztgenannte Eigenschaft und lässt alle andern Gesichtspunkte bei Seite, so wird man auf eine sehr merkwürdige analytische Aufgabe geführt. Soll nämlich die Erdoberfläche auf eine Ebene so abgebildet werden, dass die Abbildung überall jene Eigenschaft besitzt, so fragt es sich, wie die Curven beschaffen sein müssen, welche bei dieser Abbildung die Meridiane und Parallelkreise darstellen. Es ist nicht schwer, die Formeln [187] zu finden, durch welche diese Aufgabe ganz allgemein gelöst wird. Da jedoch diese Formeln willkürliche Functionen enthalten, so ergiebt sich folgende neue Frage: wie muss man jene willkürlichen Functionen bestimmen, damit die Bilder der Meridiane und Parallelkreise Curven von gegebener Art sind? Diese zweite Aufgabe ist in mancher Hinsicht viel schwieriger als die Hauptaufgabe und übersteigt vielleicht die Kräfte der jetzigen Analysis. Indessen erfordert die Anwendung auf die Geographie gar nicht die allgemeine Lösung, bei der die Meridiane und Parallelkreise Curven von beliebiger Gestalt werden; es genügt vielmehr, die Lösung für den speciellen Fall zu finden, in dem die Meridiane und Parallelkreise durch Kreisbogen dargestellt werden sollen, einen Fall, der gleichzeitig die stereographische Projection wie auch die reducirten Seekarten umfasst. Alle andern Lösungen würden doch ohne praktischen Werth sein; denn sollten die Meridiane und Parallelkreise nicht durch Kreise, sondern durch andre Curven dargestellt werden, so würde die Einzeichnung derselben in die Karte äusserst schwierig sein.

Das ist die Aufgabe, deren Behandlung den Hauptinhalt

der ersten Abhandlung bildet; meines Wissens hatte vorher noch niemand diese Aufgabe zu lösen versucht. Die Lösung derselben, die ich gegeben habe, lässt, wie mir scheint, in analytischer Hinsicht nichts zu wünschen übrig. Da man jedoch aus meiner Lösung viele Folgerungen und Anwendungen ableiten kann, habe ich es für zweckmässig gehalten, dieselbe noch eingehender zu untersuchen. Dieser Untersuchung sind die folgenden Artikel gewidmet; um bequemer citiren zu können, werde ich dieselben mit den Ziffern bezeichnen, die sich an die Ziffern der Artikel der ersten Abhandlung anschliessen.

21. Ich hebe zunächst hervor, dass die in der ersten Abhandlung gefundenen Formeln (Nr. 12—16) zwei verschiedene Lösungen umfassen, da wir ja (in Nr. 11 gesehen haben, dass man t mit u vertauschen darf. Ich bemerke indessen, dass die durch eine solche Vertauschung sich ergebende Lösung zwar merkwürdig, aber nicht für die praktische Anwendung geeignet ist, da sie Exponentialgrössen des Winkels t enthalten würde, dagegen Sinus und Cosinus der Grösse u, die, wie wir gefunden haben (Nr. 19), selbst eine logarithmische Grösse ist; während dem gegenüber die Lösung, die sich unmittelbar aus den in Rede stehenden Formeln ergiebt, nur Sinus und Cosinus der Winkel t und z enthält, und zwar deshalb, weil [188]

$$e^u = k \tan \frac{z}{2} \cdot \left(\frac{1 + \varepsilon \cos z}{1 - \varepsilon \cos z} \right)^{\frac{1}{2}\varepsilon}$$

ist. Aus dem angeführten Grunde wollen wir uns damit begnügen, nur die gefundene Lösung selbst zu untersuchen.

Dieselbe enthält, wie man sieht, mehrere willkürliche Constanten; von diesen sind einige erforderlich, damit die Lösung möglichst allgemein wird, während andere ihr nur eine scheinbare Allgemeinheit verleihen, da sie von der willkürlichen Lage der Coordinatenaxen abhängen. Durch geeignete Wahl der letzteren kann man eine grössere Einfachheit erreichen, ohne irgend etwas von Allgemeinheit einzubüssen.

Zu diesem Zwecke ist zu beachten, dass man, da die beiden geraden Linien, auf denen die Mittelpunkte aller Meridiane, resp. aller Parallelkreise der Karte liegen, auf einander senkrecht stehen, diese Linien selbst zu Coordinatenaxen nehmen kann.

Wir wollen daher annehmen, dass die Linie, auf der die Mittelpunkte aller Meridiane liegen, die Ordinatenaxe y, die

Linie dagegen, auf der die Mittelpunkte aller Parallelkreise liegen, die Abscissenaxe x sei. Dazu ist (Nr. 14, 15) erforderlich, 1) dass der Winkel 90° — g — h ein rechter, d. h. dass $g + h = 0$ oder $h = - g$ ist; 2) dass, damit $X = 0$ werde, $A = \dfrac{1}{4\,a\,b\,c}$; 3) dass, damit $\eta = 0$ sei, $B = 0$ ist.

Diese Werthe substituire man in Nr. 12, 14, 15 und ersetze zugleich u und q durch ihre Ausdrücke in z (Nr. 19); ferner ändere man a in $\dfrac{a}{k^c}$, b in $b\,k^c$, $2c$ in c, $2g$ in $- c\,g$ um, was offenbar gestattet ist, da a, b, c, g, k willkürliche Constanten sind; endlich setze man zur Abkürzung

$$\theta = \operatorname{tang} \frac{\zeta}{2} = \operatorname{tang} \frac{z}{2}\left(\frac{1 + \varepsilon \cos z}{1 - \varepsilon \cos z}\right)^{\frac{1}{2}\varepsilon};$$

dann ergiebt sich:

$$x = \frac{a^2\theta^c - b^2\theta^{-c}}{2\,a\,b\,c\,[a^2\theta^c + 2\,a\,b\,\cos c\,(t - g) + b^2\theta^{-c}]},$$

$$y = \frac{\sin c\,(t - g)}{c\,[a^2\theta^c + 2\,a\,b\,\cos c\,(t - g) + b^2\theta^{-c}]},$$

[189] $\dfrac{1}{r} = 2\,a\,b\,c\,\sin c\,(t - g), \quad Y = - \dfrac{\operatorname{cotg} c\,(t - g)}{2\,a\,b\,c},$

$$\frac{1}{\varrho} = c\,(a^2\theta^c - b^2\theta^{-c}), \quad \xi = \frac{a^2\theta^c + b^2\theta^{-c}}{2\,a\,b\,c\,(a^2\theta^c - b^2\theta^{-c})},$$

$$m = \frac{\sqrt{1 - \varepsilon^2\cos^2 z}}{\sin z\,[a^2\theta^c + 2\,a\,b\,\cos c\,(t - g) + b^2\theta^{-c}]}.$$

In diesen Formeln ist t die Länge eines beliebigen Meridians, z das Complement der Breite irgend eines Parallelkreises auf der Erdoberfläche, ε die Excentricität der Erdmeridiane; a, b, c, g sind vier willkürliche Constanten; x und y bezeichnen die Ordinate und Abscisse desjenigen Punktes der Karte, dessen Länge t ist, während z das Complement seiner Breite ist. r ist der Radius des Kreises, der den Meridian darstellt, dessen Länge t ist; der Mittelpunkt dieses Kreises liegt auf der Ordinatenaxe im Abstand Y von der Abscissenaxe. ϱ ist der Radius des Kreises, der den Parallelkreis darstellt, für den z das Complement der geographischen Breite ist; der Mittelpunkt des Kreises ϱ liegt auf der Abscissen-

axe im Abstand ξ von der Ordinatenaxe. Endlich drückt
$1 : m$ das Verhältniss aus, in dem die Grösse einer jeden
Gegend der Erde auf der Karte vergrössert oder verkleinert
wird; dabei ist der Radius des Aequators $= 1$ angenommen.
22. Betrachtet man die vorstehenden Formeln, so sieht
man sofort, dass dieselben auf verschiedene Arten von Kartenprojectionen führen je nach den Werthen, die man der Constante c beilegt; diese Constante soll daher der Exponent der
Projection genannt werden.

Setzt man zunächst $c = 0$, so wird $\dfrac{1}{r} = 0$ und $\dfrac{1}{\varrho} = 0$;
also $r = \infty$ und $\varrho = \infty$; d. h. die Meridiane und Parallelkreise der Karte sind gerade Linien. Es ist dies der Fall
der reducirten Karten.

Um für diesen Fall die Lage der verschiedenen Meridiane
und Parallelkreise zu bestimmen, hat man in den Ausdrücken für x und y $c = 0$ zu setzen, oder man wird vielmehr c unendlich klein annehmen, wobei zu beachten ist,
dass

$$\theta^c = 1 + c \log \theta + \cdots, \qquad \theta^{-c} = 1 - c \log \theta + \cdots$$

Dann findet man: [190]

$$x = \frac{a - b}{2 a b c (a + b)} + \frac{a^2 + b^2}{2 a b (a + b)^2} \log \theta, \qquad y = \frac{t - q}{(a + b)^2}.$$

Damit für $c = 0$ x nicht unendlich werde, ist erforderlich,
dass $a - b$ gleichzeitig mit c verschwindet, dass also $a - b = c h$
ist, unter h eine neue Constante verstanden; oder $b = a - c h$.
Substituirt man diesen Werth für b und lässt dann c zu Null
werden, so erhält man

$$x = \frac{h}{4 a^3} + \frac{\log \theta}{4 a^2}, \quad y = \frac{t - q}{4 a^2}.$$

oder einfacher

$$x = A + B \log \theta, \quad y = C + B t,$$

wobei A, B, C willkürliche Constanten sind.

Da t die Länge ist und θ lediglich von der Breite abhängt, so ist offenbar $y = C + B t$ die gemeinsame Gleichung
aller Meridiane, und $x = A + B \log \theta$ ist die gemeinsame
Gleichung aller Parallelkreise. Die ersteren sind somit gerade
Linien, die der Abscissenaxe parallel sind, und deren Abstand

von dieser Axe proportional der Länge t wächst; die letzteren dagegen sind gerade Linien, die der Ordinatenaxe parallel sind, und deren Abstand von dieser Axe proportional dem Logarithmus von θ wächst.

Gewöhnlich nimmt man bei den reducirten Karten die Erde als kugelförmig an; dann ist $\varepsilon = 0$, und daher $\theta = \mathrm{tang}\,\frac{z}{2}$, ein Resultat, das mit der bekannten Theorie dieser Karten in Uebereinstimmung ist. Berücksichtigt man jedoch die Abplattung der Erde, so wird $\theta = \mathrm{tang}\,\frac{\zeta}{2}$; in diesem Falle hat man also nur die verbesserte Poldistanz ζ (Nr. 19) an Stelle von z zu setzen.

Was den Werth von m betrifft, so wird derselbe, falls man, wie oben, B an Stelle von $\dfrac{1}{(a+b)^2}$ setzt,

$$m = \frac{B\sqrt{1 - \varepsilon^2 \cos^2 z}}{\sin z}.$$

23. Nachdem wir den Fall, in dem die Grösse c Null ist, erörtert haben, wollen wir annehmen, dass diese Grösse irgend einen reellen Werth hat. Hier beachten wir nun, dass, wenn man in den Formeln von Nr. 21 c negativ macht, dies zu demselben Resultat führt, wie die Vertauschung von a und b. [191] Daraus folgt, dass es, um alle möglichen Fälle zu erhalten, genügt, der Grösse c nur positive Werthe zu ertheilen.

Wir wollen zunächst zusehen, ob es Meridiane und Parallelkreise giebt, die auf der Karte durch gerade Linien dargestellt werden. Zu dem Zwecke hat man die Werthe von t und θ zu suchen, für die $r = \infty$, resp. $\varrho = \infty$ ist. Man sieht leicht, dass, wenn $r = \infty$ werden soll, $\sin c(t - g) = 0$ und daher $t = g$ oder $t = 180^\circ + g$ werden muss: dass dagegen $\varrho = \infty$ wird, wenn $a^2 \theta^c - b^2 \theta^{-c} = 0$, d. h. wenn $\theta^c = \pm \dfrac{b}{a}$ ist. Substituirt man diese beiden Werthe in den Ausdrücken für x und y, so werden beide zu Null. Daraus folgt, dass die Abscissenaxe selbst einen Meridian darstellt, und zwar denjenigen, für den $t = g$ ist, während die Ordinatenaxe denjenigen Parallelkreis darstellt, dessen verbesserte Poldistanz ζ der Gleichung genügt:

$$\left(\operatorname{tang} \frac{z}{2}\right)^{c} = \pm \frac{b}{a} .$$

Wir wollen allgemein **Mittelpunkt** der Karte den Punkt nennen, in dem sich der Meridian und der Parallelkreis, die durch gerade Linien dargestellt werden sollen, rechtwinklig schneiden. Dieser Punkt ist dann der Anfangspunkt der Coordinaten x, y; der geradlinige Meridian ist die x-Axe, der geradlinige Parallelkreis die y-Axe.

Da die Grössen a, b, g willkürlich sind, kann man einen beliebigen Ort der Erde zum Mittelpunkt der Karte machen. Die Länge dieses Ortes hat man gleich g zu setzen; und nennt man seine Breite $90^0 - h$, so hat man noch

$$\frac{b}{a} = \pm \left(\operatorname{tang} \frac{h}{2}\right)^{c}$$

zu setzen.

24. Da ferner alle Meridiane sich in den Polen schneiden müssen, so folgt, dass die Pole der Karte auf der Abscissenaxe liegen. Um dieselben zu bestimmen, hat man $z = 0$ und $z = 180^0$ zu setzen. Da es üblich ist, die Poldistanzen vom Nordpol der Erde aus zu rechnen, so giebt die Annahme $z = 0$ den Nordpol der Karte, die Annahme $z = 180^0$ den Südpol. Nun ergiebt $z = 0$ [192' $\theta = 0$, während für $z = 180^0$ sich $\theta = \infty$ ergiebt. Setzt man in den Ausdrücken für x und y diese Werthe von θ ein, so erhält man für den Nordpol $x = -\dfrac{1}{2abc}$, $y = 0$, für den Südpol $x = \dfrac{1}{2abc}$, $y = 0$. Die Pole liegen also zu beiden Seiten des Mittelpunktes der Karte und haben von letzterem gleichen Abstand.

Wir wollen den Theil der Abscissenaxe, der zwischen den beiden Polen liegt und durch den Mittelpunkt der Karte in zwei gleiche Theile getheilt wird, die **Axe der Karte** nennen und die Länge dieser Axe mit 2δ bezeichnen. Dann ist $\delta = \dfrac{1}{2abc}$, daher $ab = \dfrac{1}{2\delta c}$. Verbinden wir diese Gleichung mit der vorher gefundenen

$$\frac{b}{a} = \pm \left(\operatorname{tang} \frac{h}{2}\right)^{c}$$

so sind dadurch die beiden Constanten a und b bestimmt.
Man erkennt hieraus, dass die Axe der Karte ebenfalls willkürlich ist und daher so bestimmt werden kann, dass die
Karte eine beliebig anzunehmende Grösse hat.
    25. Wir wollen nun sehen, wie man die Meridiane und
Parallelkreise einer Karte zu construiren hat, deren Mittelpunkt und Axe gegeben sind.
    Es sei C (Fig. 1) der Mittelpunkt der Karte, B der Nord-
pol derselben, also $BC = \delta$. Um C als Mittelpunkt beschreibe man mit dem Radius BC den Kreis $BDAE$ und

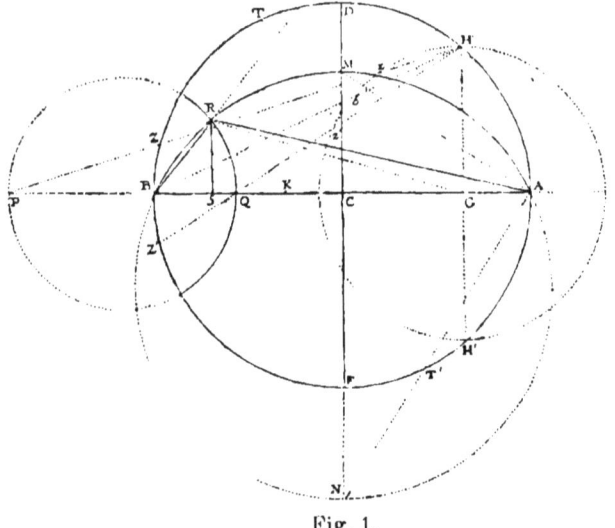

Fig. 1.

ziehe in denselben den Durchmesser BCA sowie darauf senkrecht den Durchmesser DCE. Dann ist der Punkt A der
Südpol der Karte, C ist der Anfangspunkt der Coordinaten
x, y; die Linie AB ist die Axe der Karte und zugleich die
Abscissenaxe x, und zwar ist CA der positive Theil derselben,
CB der negative; die Linie DE ist die Ordinatenaxe y, und
zwar CD der positive Theil derselben, CE der negative.
Die Mittelpunkte der Kreise, welche die verschiedenen Meridiane der Karte darstellen, liegen auf der (erforderlichenfalls
nach der einen oder anderen Seite zu verlängernden) Linie
DE im Abstand Y von C; ihre Radien sind gleich r. Die
Mittelpunkte der Kreise, welche die Parallelkreise darstellen,

liegen auf der Linie BA im Abstande ξ von C; ihre Radien sind gleich ϱ. Hiernach kann man die verschiedenen Kreise [193] beschreiben, sobald man mittelst der Formeln Nr. 21 die Constanten a, b, g so bestimmt hat, wie wir es in der vorhergehenden Nummer gelehrt haben. Um indessen diese Operationen so viel wie möglich zu erleichtern, wollen wir dieselben auf sehr einfache und praktisch bequem auszuführende Constructionen zurückführen.

26. Was zunächst die Meridiane betrifft, so will ich die Punkte bestimmen, in denen jeder Meridian die (nöthigenfalls verlängerte) Axe DE schneidet. Zu dem Zwecke hat man aus den Formeln von Nr. 21 nur die Werthe von y zu suchen, die $x = 0$ entsprechen. Für $x = 0$ ist nun $a^2 \theta^c - b^2 \theta^{-c} = 0$, oder, wenn man quadrirt, $a^4 \theta^{2c} - 2 a^2 b^2 + b^4 \theta^{-2c} = 0$. Addirt man zu der letzten Gleichung beiderseits $4 a^2 b^2$ und zieht dann die Quadratwurzel aus, so erhält man $a^2 \theta^c + b^2 \theta^{-c} = \pm 2ab$. Substituirt man diesen Werth in y, so folgt

$$y = \frac{\sin c(t - g)}{2abc \left[\cos c(t - g) \pm 1 \right]},$$

oder mit Benutzung bekannter trigonometrischer Formeln wie mit Rücksicht darauf, dass $\frac{1}{2abc} = \delta$ ist:

$$y = \delta \, \mathrm{tang} \, \frac{c(t - g)}{2} \quad \text{oder} \quad y = - \delta \, \mathrm{cotg} \, \frac{c(t - g)}{2}.$$

Man trage daher (auf dem Kreise $BDAE$) zwei Bogen BT, AT' auf, die, in Graden gemessen, gleich dem Winkel $c(t - g)$ sind; dabei ist $t - g$ die Längendifferenz zwischen dem Meridian, um den es sich handelt, und dem Meridian des Ortes, welcher der Mittelpunkt der Karte werden soll. Sodann ziehe man die Sehnen AT, AT', welche die Linie DE (resp. deren Verlängerung) in M und N schneiden. Dann ist die Linie MN der Durchmesser des Kreises, der den gesuchten Meridian darstellt. Man hat also nur den Kreis zu zeichnen, dessen Durchmesser MN ist; dass derselbe auch stets durch die Punkte A und B, welche die Pole darstellen, geht, ist geometrisch leicht zu beweisen. Die Richtigkeit der Construction ergiebt sich daraus, dass Winkel $BAT = \dfrac{c(t - g)}{2}$

und Winkel $BAT' = \dfrac{180^\circ - c(t-g)}{2} = 90^\circ - \dfrac{c(t-g)}{2}$

ist. Da ferner $CA = \delta$ ist, so wird $CM = \delta \, \mathrm{taug} \, \dfrac{c(t-g)}{2}$,

$CN = \delta \, \mathrm{cotg} \, \dfrac{c(t-g)}{2} \Big[$, somit die Ordinate des Punktes

$N = - \delta \, \mathrm{cotg} \, \dfrac{c(t-g)}{2} \Big]$.

[194] 27. Wir wenden uns nun den Parallelkreisen zu und suchen ebenso die Punkte, in denen die einzelnen Parallelkreise die Axe AB schneiden. Man hat hier $y = 0$, d. h. $\sin c(t-g) = 0$ zu setzen, woraus $c(t-g) = 0$ oder $= 180^\circ$ folgt. Substituirt man einen dieser Werthe von t, so ergiebt sich

$$x = \frac{a^2 \theta^c - b^2 \theta^{-c}}{2abc(a^2\theta^c \pm 2ab + b^2\theta^{-c})},$$

eine Gleichung, die sich leicht auf folgende reduciren lässt:

$$x = \frac{a\theta^{\frac{c}{2}} \mp b\theta^{-\frac{c}{2}}}{2abc\left(a\theta^{\frac{c}{2}} \pm b\theta^{-\frac{c}{2}}\right)} = \frac{\theta^c \mp \dfrac{b}{a}}{2abc\left(\theta^c \pm \dfrac{b}{a}\right)}.$$

Nun ist $\theta = \mathrm{tang}\left(\dfrac{\zeta}{2}\right)$, falls ζ die verbesserte Poldistanz des Parallelkreises ist, und $\dfrac{b}{a} = \pm \left(\mathrm{tang}\,\dfrac{h}{2}\right)^c$, wo h die verbesserte Poldistanz des Ortes ist, der dem Mittelpunkte der Karte entspricht, und zwar ist h als gegeben anzusehen, während die Vorzeichen willkürlich angenommen werden können. Da noch $\dfrac{1}{2abc} = \delta$, so wird

$$x = - \delta \frac{\left(\mathrm{tang}\,\dfrac{h}{2}\right)^c \mp \left(\mathrm{tang}\,\dfrac{\zeta}{2}\right)^c}{\left(\mathrm{tang}\,\dfrac{h}{2}\right)^c \pm \left(\mathrm{tang}\,\dfrac{\zeta}{2}\right)^c}.$$

Nimmt man die oberen Zeichen, so erhält man den Abstand CQ, während die unteren Zeichen den Abstand CP (Fig. 1, S. 36) ergeben. Der über PQ als Durchmesser beschriebene Kreis ist der gesuchte Parallelkreis.

28. Nimmt man $c = 1$ an, so wird die vorstehende Formel

$$x = -\delta \, \frac{\tan g \dfrac{h}{2} \mp \tan g \dfrac{\zeta}{2}}{\tan g \dfrac{h}{2} \pm \tan g \dfrac{\zeta}{2}} = -\delta \, \frac{\sin \dfrac{h \mp \zeta}{2}}{\sin \dfrac{h \pm \zeta}{2}},$$

eine Formel, die für die logarithmische Rechnung sehr bequem ist. Um nach derselben x zu construiren, setze man 195

$$\sin \frac{h \mp \zeta}{2} = \sin\left(h - \frac{h \pm \zeta}{2}\right) = \sin h \cos \frac{h \pm \zeta}{2} - \cos h \sin \frac{h \pm \zeta}{2},$$

so wird

$$x = \delta \cos h - \delta \sin h \cdot \cot g \, \frac{h \pm \zeta}{2}.$$

Man trage (auf dem Kreise $BDAE$) einen Bogen AH ab, der, in Graden gerechnet, gleich dem Winkel h ist; ferner zwei Bogen BZ, BZ', die, ebenfalls in Graden gerechnet, beide gleich ζ sind. Von H aus ziehe man die Secanten HZP und HQZ'; diese mögen die Axe in P und Q schneiden. Dann muss der Kreis, der dem in Rede stehenden Parallelkreise entspricht, durch P und Q gehen.

Es ergiebt sich dies folgendermaassen. Zieht man die Sehne HGH' senkrecht zur Axe BA, so wird $CG = \delta \cos h$, $GH = \delta \sin h$, ferner ist Winkel $ZHH' = \dfrac{180^\circ - h - \zeta}{2}$ und Winkel $ZHH' = \dfrac{180^\circ - h + \zeta}{2}$. Daher wird $GQ = \delta \sin h \cdot \cot g \, \dfrac{h + \zeta}{2}$, $GP = \delta \sin h \cdot \cot g \, \dfrac{h - \zeta}{2}$ und weiter

$$CQ = \delta \sin h \cot g \, \frac{h + \zeta}{2} - \delta \cos h,$$

$$CP = \delta \sin h \cot g \, \frac{h - \zeta}{2} - \delta \cos h.$$

mithin

$$x = -CQ \quad \text{oder} \quad x = -CP, \quad \text{q. e. d.}$$

29. Wenn man um G als Mittelpunkt mit dem Radius GH den Kreis $Hzbz'H'$ beschreibt und auf dem Umfange desselben einen Bogen Hb abträgt, der, in Graden gerechnet,

$= h$ ist, ferner zwei Bogen bz, bz', die, ebenfalls in Graden gerechnet, beide $= \zeta$ sind; wenn man dann die Secanten Hz, Hb, Hz' zieht, so schneiden diese, verlängert, die Axe in den Punkten P, B, Q. Denn es ist der Winkel bHG $= \dfrac{180^\circ - h}{2}$, Winkel $zHG = \dfrac{180^\circ - h + \zeta}{2}$, Winkel $z'HG = \dfrac{180^\circ - h - \zeta}{2}$. Würden daher die Linien Hz, Hb, Hz' die Axe in P', B', Q' schneiden, so hätte man, da $CG = \delta \sin h$,

$$GQ' = \delta \sin h \cotg \frac{h + \zeta}{2}, \qquad GP' = \delta \sin h \cotg \frac{h - \zeta}{2},$$

$$GB' = \delta \sin h \cotg \tfrac{1}{2}h = 2\delta \cos^2 \tfrac{1}{2}h = \delta + \delta \cos h,$$

d. h. es ist $GQ' = GQ$, $G'P' = GP$, $GB' = GB$, q. e. d.

[196] Die letztere Construction wird man dann anwenden, wenn die Lage des Punktes G der Karte an Stelle der des Mittelpunktes C gegeben ist. Wie wir weiter unten sehen werden, besitzt der Punkt G die Eigenschaft, dass in ihm die Grösse m ein Minimum ist, falls man die Erde als kugelförmig annimmt.

Uebrigens erkennt man, wenn man diese Construction prüft, leicht ihre Uebereinstimmung mit der Construction, die sich aus den Principien der gewöhnlichen stereographischen Projection ergiebt. Die Länge g und die Poldistanz h sind gleich den entsprechenden Grössen für den Ort des Auges auf der Kugelfläche. Der Punkt G der Karte, dem dieselbe Länge g und die Poldistanz $180^\circ - h$ zugehören, ist das Centrum der Projection, d. h. der Punkt der Projectionsebene, durch welchen der vom Augenpunkte ausgehende Durchmesser der Kugel geht; endlich ist die Linie GH gleich dem Abstand des Auges von der Projectionsebene.

Hieraus folgt also, dass der Fall $c = 1$ die bekannte stereographische Projection giebt, und dass daher unsre allgemeinen Formeln gleichzeitig die beiden gebräuchlichsten Arten der Kartenprojection enthalten. Ferner ersieht man aus jenen Formeln, wie leicht man bei jenen Projectionen die Abplattung der Erde berücksichtigen kann, da man ja nur an Stelle der wahren Poldistanz z die verbesserte Poldistanz ζ

zu nehmen hat, die, wie wir in Nr. 19 sahen, nahezu
$= z + \frac{1}{2} t^2 \sin 2z$ ist.

30. Auf der Erdoberfläche wird der Umfang eines jeden
Parallelkreises durch die Meridiane so getheilt, dass die Theile
den Längendifferenzen proportional sind. Wir wollen nun
untersuchen, wie der Umfang eines Parallelkreises der Karte
durch die Meridiane getheilt wird.

Zieht man vom Pole B nach dem Punkte R (Fig. 1,
S. 36) die Gerade BR und fällt von R aus das Loth RS
auf die Axe AB, so ist die Tangente des Winkels RBA
gleich $RS : BS$. Ferner ist $RS = y$, $BC = \delta$ und CS
$= - x$, mithin $BS = \delta + x$, somit

$$\tan RBA = \frac{y}{\delta + x}.$$

Substituirt man für x und y ihre in Nr. 21 ermittelten Werthe,
[197] so folgt, da $\delta = \frac{1}{2abc}$ war,

$$\tan RBA = \frac{b \sin c(t - g)}{a\,\theta'' + b \cos c(t - g)}.$$

Ferner ist nach Nr. 27

$$CQ = - x = \frac{b - a\,\theta''}{2abc(a\theta'' + b)},$$

falls man in den Formeln jener Nummer die oberen Zeichen
nimmt. Daher ist

$$BQ = \delta - CQ = \frac{\theta''}{bc(a\theta'' + b)}$$

und

$$AQ = \delta + CQ = \frac{1}{ac(a\theta'' + b)},$$

mithin

$$\frac{BQ}{AQ} = \frac{a\theta''}{b}$$

Durch Substitution dieses Werthes geht die Gleichung für
$\tan RBA$ in folgende über:

$$\tan RBA = \frac{AQ \sin c(t - g)}{BQ + AQ \cos c(t - g)}.$$

und aus dieser ergiebt sich folgende Construction für den Winkel RBA.

Man beschreibe um Q als Mittelpunkt einen Kreis mit dem Radius QA, theile den Umfang dieses Kreises vom Pole A aus in Theile, die den Winkeln $c(t-g)$ entsprechen; darauf verbinde man den andern Pol B mit den einzelnen Theilpunkten, dann werden diese Verbindungslinien, nöthigenfalls verlängert, den Parallelkreis PRQ in Theile QR theilen, die den Längendifferenzen $g-t$ zwischen den Meridianen BA und BRA entsprechen.

Der hier benutzte Hülfskreis heisst wegen seiner bei obiger Construction benutzten Eigenschaft »Theilerkreis«. Bei der stereographischen Projection, für welche $c=1$ ist, geben die Bogen dieses Kreises direct die Längendifferenzen an.

31. Verbindet man auch den Pol A mit dem Punkte R und bezeichnet die Länge der Geraden BR mit λ, die Länge von AR mit μ, so ist

$$\lambda = \sqrt{(\delta+x)^2 + y^2}, \quad \mu = \sqrt{(\delta-x)^2 + y^2}.$$

Substituirt man hierin für x und y ihre Werthe aus Nr. 21 und beachtet, dass $\delta = \dfrac{1}{2abc}$ ist, so ergiebt sich: [198]

$$\lambda^2 = \frac{a^2\theta^{2c} + 2ab\theta^c \cos c(t-g) + b^2}{b^2c^2[a^2\theta^c + 2ab\cos c(t-g) + b^2\theta^{-c}]^2}$$

$$= \frac{\theta^c}{b^2c^2[a^2\theta^c + 2ab\cos c(t-g) + b^2\theta^{-c}]},$$

$$\mu^2 = \frac{b^2\theta^{-2c} + 2ab\theta^{-c}\cos c(t-g) + a^2}{a^2c^2[a^2\theta^c + 2ab\cos c(t-g) + b^2\theta^{-c}]^2}$$

$$= \frac{\theta^{-c}}{a^2c^2[a^2\theta^c + 2ab\cos c(t-g) + b^2\theta^{-c}]}.$$

Hieraus folgt:

1) $\dfrac{\lambda^2}{\mu^2} = \dfrac{a^2\theta^{2c}}{b^2}, \quad \dfrac{\lambda}{\mu} = \dfrac{a\theta^c}{b};$

2) $\dfrac{1}{\lambda^2\mu^2} = a^2b^2c^4[a^2\theta^c + 2ab\cos c(t-g) + b^2\theta^{-c}]^2,$

   $\dfrac{1}{\lambda\mu} = abc^2[a^2\theta^c + 2ab\cos c(t-g) + b^2\theta^{-c}].$

Substituirt man in der letzten Gleichung für θ'' seinen Werth aus 1), so erhält man

$$\frac{1}{\lambda \mu} = a^2 b^2 c^2 \left[\frac{\lambda}{\mu} + 2 \cos c(t - g) + \frac{\mu}{\lambda} \right]$$

oder, wenn man mit $\lambda \mu$ multiplicirt und für abc seinen Werth $\frac{1}{2\delta}$ setzt,

$$4\delta^2 = \lambda^2 + 2\lambda\mu \cos c(t - g) + \mu^2.$$

Betrachtet man nun das Dreieck BRA, in dem $BA = 2\delta$, $BR = \lambda$, $AR = \mu$ ist, so sieht man, dass

$$(2\delta^2 = \lambda^2 - 2\lambda\mu \cos BRA + \mu^2$$

ist. Die Vergleichung der beiden letzten Gleichungen lehrt, dass $- \cos BRA = \cos c(t - g)$ und daher $BRA = 180^0 - c(t - g)$ ist. Mithin ist $t - g$, d. h. die Längendifferenz der Meridiane BA und BRA. gleich $\dfrac{180^0 - BRA}{c}$.

Aus der obigen Gleichung für $\dfrac{\lambda}{\mu}$ folgt ferner, wenn man für θ und $\dfrac{b}{a}$ ihre Werthe, $\theta = \operatorname{tang} \dfrac{\zeta}{2}$: $\dfrac{b}{a} = \left(\operatorname{tang} \dfrac{h}{2} \right)^{c}$, setzt und die c^{te} Wurzel auszieht, [199]

$$\frac{\operatorname{tang} \dfrac{\zeta}{2}}{\operatorname{tang} \dfrac{h}{2}} = \left(\frac{\lambda}{\mu} \right)^{\frac{1}{c}} = \left(\frac{RB}{RA} \right)^{\frac{1}{c}}$$

eine Gleichung, aus der sich die Poldistanz ζ des Parallelkreises RQ ergiebt, wenn man die Poldistanz h des Parallelkreises DCE als gegeben ansieht.

32. Aus den vorstehenden Formeln ergiebt sich, dass, wenn man die Lage der Pole A und B auf der Karte kennt, wenn man ferner weiss, welche Länge t und welche Poldistanz ζ einem bestimmten Punkte R zugehören, man stets die Länge t' und die Poldistanz ζ' eines andern Ortes R' leicht finden

kann. Denn zieht man (Fig. 2) die Linien RB, RA, $R'B$, $R'A$, so ist für den Ort R

$$t - g = \frac{180^\circ - BRA}{c}, \quad \frac{\tang \frac{\zeta}{2}}{\tang \frac{h}{2}} = \left(\frac{RB}{RA}\right)^{\frac{1}{c}},$$

ebenso für den Ort R'

$$t' - g = \frac{180^\circ - BR'A}{c}, \quad \frac{\tang \frac{\zeta'}{2}}{\tang \frac{h}{2}} = \left(\frac{R'B}{R'A}\right)^{\frac{1}{c}};$$

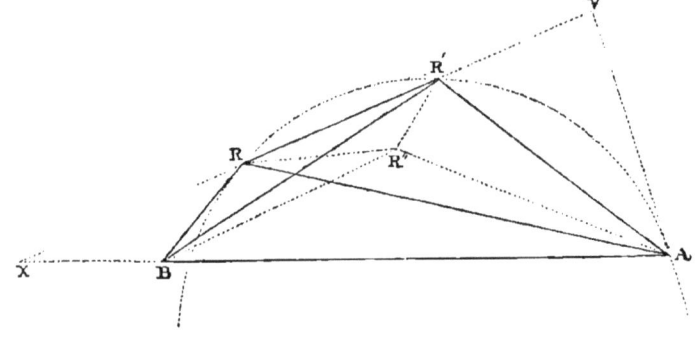

Fig. 2.

daher weiter

$$t' - t = \frac{BRA - BR'A}{c} = \frac{R'AR - R'BR}{c}$$

und

$$\frac{\tang \frac{\zeta'}{2}}{\tang \frac{\zeta}{2}} = \left(\frac{R'B}{RB} \cdot \frac{RA}{R'A}\right)^{\frac{1}{c}},$$

oder

$$\tang \frac{\zeta'}{2} : \tang \frac{\zeta}{2} = \left(\frac{R'B}{R'A}\right)^{\frac{1}{c}} : \left(\frac{RB}{RA}\right)^{\frac{1}{c}}.$$

33. Wenn nur die Lage des einen Pols B gegeben, ausserdem aber die Längen t, t' und die Poldistanzen ζ, ζ' zweier beliebigen Punkte R, R' bekannt wären, könnte man

daraus die Länge und Poldistanz irgend eines andern Punktes
ermitteln. Diese Aufgabe reducirt sich, wie man leicht übersieht, darauf, den Ort des andern Pols A zu finden.

[200] Zieht man die drei Linien BR, BR', RR', so
ist das Dreieck BRR' seiner Grösse und Lage nach gegeben.
Ist nun A der zu suchende andere Pol, so ziehe man die
Geraden RA, $R'A$: dann ist nach der vorhergehenden
Nummer

$$R'AR = R'BR + c(t' - t).$$

Demnach ist der Winkel $R'AR$ am Pole A bekannt. Beschreibt man also über der Sehne RR' einen Kreisbogen, der
den Winkel $R'AR$ als Peripheriewinkel fasst, so liegt der
gesuchte Pol A nothwendig auf diesem Kreisbogen.

Ferner ist nach der vorhergehenden Nummer

$$\frac{RA}{R'A} = \frac{RB}{R'B} \cdot \left(\frac{\tan \frac{z}{2}}{\tan \frac{z'}{2}}\right)^{c},$$

so dass das Verhältniss der Linien RA und $R'A$ ebenfalls
bekannt ist.

Zieht man nun im Punkte A die Tangente AV an den
durch R, R', A gehenden Kreis, und trifft diese Tangente
die Verlängerung von RR' in V, so ist der Winkel $R'AV$
gleich dem Winkel VRA. Daher sind die Dreiecke ARV
und $R'AV$ ähnlich, es ist also

$$RA : R'A = RV : VA = VA : R'V.$$

Daraus folgt

$$RA^2 : \overline{R'A}^2 = RV : R'V,$$

$$\overline{RA}^2 - \overline{R'A}^2 : \overline{R'A}^2 = RR' : R'V.$$

Aus dieser Proportion ergiebt sich die Lage des Punktes V
auf der Secante $RR'V$. Construirt man diesen Punkt und
zieht von demselben an den oben erwähnten Kreis eine Tangente, so ist der Berührungspunkt A derselben der gesuchte Pol.

34. Würde man endlich nur die Längen t, t', t'', sowie
die Poldistanzen z, z', z'' dreier beliebig gegebenen Punkte
R, R', R'' der Karte kennen, so könnte man daraus die
Lage der Pole A, B und, nachdem diese gefunden, die
Längen und Breiten aller andern Punkte der Karte ermitteln.
Denn denkt man die drei Orte R, R', R'' mit den gesuchten
Polen A, B verbunden, so ist nach Nr. 31

$$BR'A - BRA = c(t - t') ;$$
$$BR''A - BR'A = c(t' - t''),$$

$$\frac{RB}{RA} : \frac{R'B}{R'A} : \frac{R''B}{R''A} = \left(\text{tang } \frac{z}{2}\right)^c : \left(\text{tang } \frac{z'}{2}\right)^c : \left(\text{tang } \frac{z''}{2}\right)^c ;$$

das sind vier Gleichungen, die zur Bestimmung der beiden Punkte A, B genügen.

[201] Bei der Bestimmung dieser Punkte handelt es sich demnach um die Lösung folgender Aufgabe: Es seien drei Punkte R, R', R'' gegeben; es sollen dann über derselben Basis AB drei Dreiecke construirt werden, deren dritte Ecken resp. in den gegebenen Punkten liegen, und die ausserdem folgenden Bedingungen genügen: 1) Die Differenzen der an den dritten Ecken liegenden Winkel BRA, $BR'A$, $BR''A$ sollen gegebene Grössen haben; 2) die Quotienten der jene Winkel einschliessenden Seiten, d. h. $\dfrac{RB}{RA}$, $\dfrac{R'B}{R'A}$, $\dfrac{R''B}{R''A}$, sollen zu einander in gegebenen Verhältnissen stehen. Diese Aufgabe nun scheint, wenn man sie rein geometrisch lösen will, recht schwierig zu sein. Dieselbe algebraisch zu lösen, habe ich gar nicht den Versuch gemacht, theils um mich nicht von der eigentlichen Untersuchung zu weit zu entfernen, theils weil eine solche Lösung meiner Ansicht nach kaum von Nutzen wäre, falls man nicht etwa eine einfache Construction aus derselben ableiten könnte.

Uebrigens könnte man zur Lösung der Aufgabe auch die allgemeinen Formeln von Nr. 21 benutzen. Bezeichnet man mit x, y die Coordinaten des Punktes R, mit x', y' die von R', mit x'', y'' die von R'', so ist

$$(x' - x)^2 + (y' - y)^2 = \overline{RR'}^2 ,$$
$$(x'' - x)^2 + (y'' - y)^2 = \overline{RR''}^2 ,$$
$$(x'' - x')^2 + (y'' - y')^2 = \overline{R'R''}^2 .$$

Substituirt man hierin für x, y, x', y', x'', y'' die in Nr. 21 aufgestellten Ausdrücke, in denen die Grössen t, t', t'' sowie 0, $0'$, $0''$ gegeben sind, so hat man drei Gleichungen zur Bestimmung der drei Constanten a, b, g. Sobald die Werthe dieser drei Constanten bekannt sind, ist die Aufgabe gelöst.

Vermittelst dieser Aufgabe kann man demnach eine geographische Karte construiren, bei der drei willkürlich gewählte Orte willkürlich gegebene Lagen haben. Das kann in manchen Fällen von Nutzen sein.

35. Wir wollen jetzt noch ermitteln, wie die Grösse der verschiedenen Gegenden der Erde durch die Projection geändert wird, und nach einem Mittel suchen, diese Aenderung möglichst gering zu machen. Wir haben bereits (Nr. 21) gesehen, dass, wenn der Aequatorialhalbmesser der Erde gleich 1 gesetzt wird, die natürliche Grösse einer jeden Gegend auf der Karte in dem Verhältniss von 1 : m vergrössert oder verkleinert wird; und zwar ist m durch die Formel

$$202) \quad m = \frac{1\sqrt{1 - \varepsilon^2 \cos^2 z}}{\sin z \sqrt{a^2 \theta^c + 2ab \cos c(t - g) + b^2 \theta^{-c}}}$$

bestimmt. Setzt man in derselben $\frac{1}{2\delta}$ an Stelle von abc, ferner $\tan \frac{z}{2}$ an Stelle von θ und $\left(\tan \frac{h}{2}\right)^c$ an Stelle von $\frac{b}{a}$, so geht sie in folgende über:

$$m = \frac{2c\delta\sqrt{1 - \varepsilon^2 \cos^2 z}}{\sin z \sqrt{\left(\dfrac{\tan \frac{z}{2}}{\tan \frac{h}{2}}\right)^c + 2\cos c(t - g) + \left(\dfrac{\tan \frac{h}{2}}{\tan \frac{z}{2}}\right)^c}}.$$

Aus diesem Ausdrucke folgt zunächst. dass in Bezug auf die Variable t der Werth von m am kleinsten ist für $t = g$; in diesem Falle wird die Variation von m gleich Null. Denn setzt man $t = g + \alpha$. so ist, falls α sehr klein.

$$\cos c(t - g) = 1 - \frac{c^2 \alpha^2}{2} + \frac{c^4 \alpha^4}{2 \cdot 3 \cdot 4} - \cdots$$

Entwickelt man daher m nach Potenzen von α. so ergiebt sich kein Term, der die erste Potenz von α enthielte. Was den Term betrifft. der α^2 zum Factor hat. so kann man denselben nur zum Verschwinden bringen, falls man $c = 0$ macht: und das ergiebt die reducirten Karten (Nr. 22).

Nun ist g die Länge des geradlinigen Meridians BA der Karte. Mithin ergiebt sich, dass für alle auf diesem Meridian gelegenen Orte die Grösse der Längengrade durch die Projection am wenigsten verändert wird. Es bleibt daher nur noch übrig. die Breite des Ortes zu suchen. für den gleichzeitig die Grösse seines Breitengrades die geringste Aenderung erfährt. Zu dem Zwecke hat man nur den Ausdruck für m so zu differentiiren, als wäre z allein veränderlich, und nachher den Differentialquotienten gleich Null zu setzen. Die Ausführung dieser Rechnung bietet keine Schwierigkeit dar; um dieselbe jedoch von vorn herein zu vereinfachen, wird es sich empfehlen, von der Excentricität ε der Erde zu abstrahiren: denn die Excentricität ist sehr klein und kann daher ohne merkbaren Fehler vernachlässigt werden, insbesondere bei der vorliegenden Untersuchung.

36. Zunächst wollen wir den Ausdruck von m in eine etwas andere, für die Rechnung bequemere Form bringen, indem wir darin an Stelle der Variabeln θ und t die Abstände λ und μ einführen. Dazu setzen wir zunächst an Stelle von $a^2 \theta^c + 2 a b \cos c (t — g) + b^2 \theta^{-c}$ den dafür [**203**] gefundenen Ausdruck (Nr. 31) $\dfrac{1}{a b c^2 \lambda \mu}$ oder $\dfrac{2 \delta}{c \lambda \mu}$. Das giebt

$$m = \frac{c \lambda \mu \sqrt{1 — \varepsilon^2 \cos^2 z}}{2 \delta \sin z}.$$

Ferner ist, wie sich aus den Formeln derselben Nummer und aus Nr. 21 ergiebt,

$$\tan \frac{z}{2} = \tan \frac{h}{2} \left(\frac{\lambda}{\mu}\right)^{\frac{1}{c}} = \tan \frac{z}{2} \left(\frac{1 + \varepsilon \cos z}{1 — \varepsilon \cos z}\right)^{\frac{\varepsilon}{2}};$$

und mittelst dieser Gleichung kann z eliminirt werden.

Vernachlässigt man die Glieder, die mit ε^2, dem Quadrat der Excentricität der Meridiane, multiplicirt sind, so wird

$$m = \frac{c \lambda \mu}{2 \delta \sin z}, \quad \tan \frac{z}{2} = \tan \frac{h}{2} \left(\frac{\lambda}{\mu}\right)^{\frac{1}{c}}.$$

Ferner ist bekanntlich

$$\sin z = \frac{2 \tan \frac{1}{2} z}{1 + \tan^2 \frac{1}{2} z};$$

durch Substitution des vorstehenden Werthes von $\tan \frac{z}{2}$ folgt also

$$\sin z = \frac{2}{\mu^{\frac{1}{c}} \lambda^{-\frac{1}{c}} \cot \frac{h}{2} + \lambda^{\frac{1}{c}} \mu^{-\frac{1}{c}} \tan \frac{h}{2}}$$

und daher

$$m = \frac{c}{4\delta}\left[\lambda^{1+\frac{1}{c}}\mu^{1-\frac{1}{c}}\tan g\frac{h}{2} + \lambda^{1-\frac{1}{c}}\mu^{1+\frac{1}{c}}\cot g\frac{h}{2}\right].$$

Dieser allgemeine Ausdruck giebt den Werth von m für irgend einen Punkt R der Karte; und zwar hängt derselbe lediglich von den Abständen $\lambda = RB$, $\mu = RA$ jenes Punktes von den beiden Polen ab.

37. Setzt man, um die stereographische Projection zu erhalten, $c = 1$, so wird

$$m = \frac{\lambda^2\tan g\frac{h}{2} + \mu^2\cot g\frac{h}{2}}{4\delta} = \frac{\lambda^2 + \mu^2 - (\lambda^2 - \mu^2)\cos h}{4\delta\sin h}.$$

Nun ist aber (vergl. Fig. 1, S. 36)

$$\lambda^2 = \overline{RB}^2 = \overline{RS}^2 + BS^2 = \overline{RS}^2 + (CB - CS)^2,$$
$$\mu^2 = \overline{RA}^2 = \overline{RS}^2 + S\overline{A}^2 = \overline{RS}^2 + (CA + CS)^2,$$

also, da $CA = CB$,

$$\lambda^2 + \mu^2 = 2RS^2 + 2CA^2 + 2\overline{CS}^2,$$
$$\lambda^2 - \mu^2 = -4CA \cdot CS.$$

[204] Ferner ist

$$CA\cos h = CG, \qquad \delta\sin h = CA\sin h = GH,$$

daher

$$m = \frac{RS^2 + CA^2 + CS^2 + 2\overline{CS}\cdot\overline{CG}}{2GH}.$$

Da noch

$$\overline{CA}^2 = CG^2 + GH^2$$

ist und ausserdem, wenn man G mit B verbindet,

$$GB^2 = RS^2 + \overline{SG}^2 = RS^2 + CS^2 + 2\overline{CS}\cdot\overline{CG} + CG^2,$$

so erhält man schliesslich

$$m = \frac{\overline{GB}^2 + \overline{GH}^2}{2GH}.$$

Man erkennt aus dieser Formel, dass der Werth von m am kleinsten in dem Punkte G ist, dem die Poldistanz $z = BH' = 180 - h$ zugehört, und der, wie in No. 29

erwähnt ist, der Mittelpunkt der stereographischen Projection ist. Uebrigens ergiebt sich dies aus der Natur der Projection von selbst.

38. Da der Exponent c der Projection ein beliebiger ist, so wollen wir zusehen, ob wir durch dessen Wahl die Variationen der Grösse m noch mehr verringern können. Wir haben schon oben (Nr. 35) bemerkt, dass die Minima dieser Grösse nothwendig in die auf dem geradlinigen Meridian AB gelegenen Orte fallen. Wenn nun der Punkt R auf AB liegt, so ist

$$\lambda + \mu = AB = 2\delta;$$

ändert sich also λ um eine beliebige Grösse β, so muss μ sich gleichzeitig um $-\beta$ ändern.

Setzen wir in dem allgemeinen Ausdruck für m (Nr. 36) $\lambda + \beta$ an Stelle von λ und $\mu - \beta$ an Stelle von μ, betrachten β als eine sehr kleine Grösse und entwickeln nach Potenzen derselben, so erhalten wir, wenn wir in der Entwickelung bis zu Gliedern von der Ordnung β^2 gehen:

$$m = \frac{c}{4\delta}\left\{\lambda^{1+\frac{1}{c}}\mu^{1-\frac{1}{c}}\,\text{tang}\,\frac{h}{2} + \lambda^{1-\frac{1}{c}}\mu^{1+\frac{1}{c}}\,\text{cotg}\,\frac{h}{2}\right\}$$

$$+ \frac{c\beta}{4\delta}\left\{\left(\frac{c+1}{c}\lambda^{\frac{1}{c}}\mu^{1-\frac{1}{c}} - \frac{c-1}{c}\lambda^{1+\frac{1}{c}}\mu^{-\frac{1}{c}}\right)\text{tang}\,\frac{h}{2}\right.$$

$$[205]\qquad + \left.\left(\frac{c-1}{c}\lambda^{-\frac{1}{c}}\mu^{1+\frac{1}{c}} - \frac{c+1}{c}\lambda^{1-\frac{1}{c}}\mu^{\frac{1}{c}}\right)\text{cotg}\,\frac{h}{2}\right\}$$

$$+ \frac{c\beta^2}{4\delta}\left\{\left(\frac{c+1}{2c^2}\lambda^{\frac{1}{c}-1}\mu^{1-\frac{1}{c}} - \frac{c^2-1}{c^2}\lambda^{\frac{1}{c}}\mu^{-\frac{1}{c}} - \frac{c-1}{2c^2}\lambda^{1+\frac{1}{c}}\mu^{-1-\frac{1}{c}}\right)\text{tang}\,\frac{h}{2}\right.$$

$$+ \left.\left(-\frac{c-1}{2c^2}\lambda^{-\frac{1}{c}-1}\mu^{1+\frac{1}{c}} - \frac{c^2-1}{c^2}\lambda^{-\frac{1}{c}}\mu^{\frac{1}{c}} + \frac{c+1}{2c^2}\lambda^{1-\frac{1}{c}}\mu^{-1+\frac{1}{c}}\right)\text{cotg}\,\frac{h}{2}\right\}$$

$$+ \ldots\ldots\ldots\ldots\ldots\ldots\ldots\ldots$$

Damit in diesem Ausdruck für m die Glieder, welche mit der ersten Potenz von β multiplicirt sind, verschwinden, ist erforderlich, dass

$$\left[(c+1)\lambda^{\frac{1}{c}}\mu^{1-\frac{1}{c}} - (c-1)\lambda^{1+\frac{1}{c}}\mu^{-\frac{1}{c}}\right]\text{tang}\,\frac{h}{2}$$

$$+ \left[(c-1)\lambda^{-\frac{1}{c}}\mu^{1+\frac{1}{c}} - (c+1)\lambda^{1-\frac{1}{c}}\mu^{\frac{1}{c}}\right]\text{cotg}\,\frac{h}{2} = 0$$

wird, d. h., wenn man

$$\frac{\lambda}{\mu} = n$$

setzt und reducirt, dass

$$n^{\frac{1}{c}}[c+1-(c-1)n]\tan g \frac{h}{2} + n^{-\frac{1}{c}}[c-1-(c+1)n]\cot g\frac{h}{2} = 0$$

ist. Diese Gleichung giebt das Minimum der Grösse m für jeden beliebigen Werth von c.

Will man auch die mit β^2 multiplicirten Glieder zum Verschwinden bringen, so erhält man noch folgende andre Gleichung:

$$n^{\frac{1}{c}}[c + 1 - 2(c^2 - 1)n - (c - 1)n^2\tan g \frac{h}{2}$$

$$- n^{-\frac{1}{c}}[c - 1 + 2(c^2 - 1)n - (c + 1)n^2\cot g \frac{h}{2} = 0.$$

Man kann den beiden Gleichungen gleichzeitig genügen, wenn man c und n als Unbekannte ansieht.

39. Man nenne nun ϖ die Distanz vom Nordpol oder das Complement der Breite desjenigen auf dem geradlinigen Meridiane $B A$ gelegenen Punktes, für den die beiden obigen Gleichungen erfüllt sind. Sodann setze man in der allgemeinen in Nr. 36 gefundenen Formel

$$\tan g \frac{z}{2} = \tan g \frac{h}{2}\left(\frac{\lambda}{\mu}\right)^{\frac{1}{c}}$$

ϖ an Stelle von z |206| und n an Stelle von $\dfrac{\lambda}{\mu}$, so ergiebt sich

$$\tan g \frac{\varpi}{2} = n^{\frac{1}{c}}\tan g \frac{h}{2}.$$

Durch diese Substitution nehmen die beiden in Nr. 38 abgeleiteten Gleichungen, wenn man dieselben ausserdem mit $n^{\frac{1}{c}}\tan g\dfrac{h}{2}$ multiplicirt und beachtet. dass $\tan g\dfrac{h}{2}\cdot\cot g\dfrac{h}{2} - 1$

4*

ist, folgende Form an:

$$[c + 1 - (c - 1)n] \tang^2 \tfrac{1}{2}\varpi + c - 1 - (c + 1)n = 0,$$

$$[c + 1 - 2(c^2 - 1)n - (c - 1)n^2] \tang^2 \tfrac{1}{2}\varpi$$

$$- c + 1 - 2(c^2 - 1)n + (c + 1)n^2 = 0.$$

Die erste ergiebt

$$n = \frac{(c + 1)\,\tang^2 \tfrac{1}{2}\varpi + c - 1}{(c -\!\!- 1)\,\tang^2 \tfrac{1}{2}\varpi + c + 1};$$

wenn man diesen Werth in die zweite Gleichung setzt und die Nenner fortschafft, erhält man:

$$[(c + 1)(c - 1)^2 - (c - 1)(c + 1)^2 - 2(c^2 - 1)^2]\,[1 + \tang^6 \tfrac{1}{2}\varpi]$$

$$+[2(c-1)(c+1)^2 - 2(c+1)(c-1)^2 - 2(c^2-1)(c-1)^2 - 2(c^2-1)(c+1)^2$$

$$+ (c + 1)^3 - (c - 1)^3 - 2(c^2 - 1)^2]\,[\tang^2 \tfrac{1}{2}\varpi + \tang^4 \tfrac{1}{2}\varpi] = 0,$$

und diese Gleichung reducirt sich auf folgende:

$$(c^2 - 1)\,[1 + \tang^6 \tfrac{1}{2}\varpi] + (3c^2 - 7)\,[\tang^2 \tfrac{1}{2}\varpi + \tang^4 \tfrac{1}{2}\varpi] = 0.$$

Aus derselben folgt

$$[207] \quad c^2 = \frac{1 + 7\,\tang^2 \tfrac{1}{2}\varpi + 7\,\tang^4 \tfrac{1}{2}\varpi + \tang^6 \tfrac{1}{2}\varpi}{(1 + \tang^2 \tfrac{1}{2}\varpi)^3}$$

$$= 1 + \frac{4\,\tang^2 \tfrac{1}{2}\varpi}{(1 + \tang^2 \tfrac{1}{2}\varpi)^2} = 1 + 4\sin^2 \tfrac{1}{2}\varpi \cos^2 \tfrac{1}{2}\varpi$$

oder

$$c^2 = 1 + \sin^2\varpi, \quad c = \sqrt{1 + \sin^2\varpi}.$$

Hat man c, so ergiebt sich n aus der oben abgeleiteten Formel, die man noch auf die einfache Form bringen kann:

$$n = \frac{c - \cos\varpi}{c + \cos\varpi}.$$

Der Werth von c ist der Exponent der Projection Nr. 22.

und der Werth von n giebt das Verhältniss $\dfrac{B\,K}{A\,K}$ an, in dem die Axe BA durch den Punkt K getheilt wird, für den die obigen Bedingungen erfüllt sind. Die Länge von K ist g, seine Breite $90^0 - \varpi$.

40. Der in Rede stehende Ort hat demnach die Eigenschaft, dass für alle umliegenden Orte die Grösse m nahezu constant ist. In Folge dessen werden die umliegenden Gegenden in Bezug auf ihre Grösse so wenig wie möglich geändert und behalten nahezu ihre natürliche Gestalt, da ja jeder unendlich kleine Theil der Karte wegen der Haupteigenschaft der Projection (Nr. 1 schon an sich dem entsprechenden Theile der Erdoberfläche ähnlich ist. Man wird daher, wenn man eine Karte zu construiren hat, die Sache zweckmässiger Weise so einrichten, dass jener Ort nahezu die Mitte der Karte einnimmt, weil dann die auf der Karte dargestellten Länder möglichst wenig deformirt werden, und zwar stets um so weniger, je näher sie der Mitte liegen.

Man wähle daher im Bereich des Landes, das man auf eine Karte projiciren will, einen der Hauptpunkte, der nahezu in der Mitte der Karte liegen soll. Seine Länge sei $= g$, seine Breite oder Polhöhe $= 90^0 - \varpi$. Dann ist zunächst der Exponent der Projection $c = \sqrt{1 + \sin^2 \varpi}$.

[208 Zur Construction der Karte hat man ferner nur den eben erwähnten Punkt an eine beliebige Stelle K zu setzen, die ungefähr in der Mitte der Karte liegt, durch K eine Linie BA zu ziehen und auf derselben zu beiden Seiten von K zwei Stücke $B\,K$ und $A\,K$ abzutragen, deren Verhältniss durch die Gleichung $B\,K : A\,K = c - \cos \varpi : c + \cos \varpi$ bestimmt ist. Dann ist B der Nordpol der Karte, A der Südpol. Der Abstand BA ist die Axe der Karte; ihre Länge ist willkürlich und hängt allein von der Grösse, welche die Karte erhalten soll, oder von dem anzuwendenden Maassstabe ab.

Man suche ferner den Winkel h, welcher die Poldistanz oder das Complement der Breite desjenigen Ortes darstellt, der im Mittelpunkte C der Karte liegt. Nach Nr. 39 ist h durch die Gleichung

$$\operatorname{tang} \frac{\varpi}{2} = n^c \operatorname{tang} \frac{h}{2}$$

bestimmt, in der $n = \dfrac{BK}{AK}$ ist, so dass

$$\text{tang}\, \frac{h}{2} = \left(\frac{KA}{KB}\right)^{\frac{1}{c}} \text{tang}\, \frac{\varpi}{2}$$

wird. Damit hat man alle zur Construction der fraglichen
Karte erforderlichen Elemente.

41. Falls der Exponent der Karte gegeben ist, wie bei
der stereographischen Projection, bei der $c = 1$ ist (Nr. 29),
kann man in dem Ausdruck für m nur die mit der ersten
Potenz von β multiplicirten Glieder zum Verschwinden bringen,
indem man (Nr. 39)

$$n = \frac{BK}{KA} = \frac{c - \cos \varpi}{c + \cos \varpi}$$

setzt. Daraus erhellt, dass in diesem Falle die Aenderung
von m und daher die Verzerrung der Karte stets grösser
wird als im vorhergehenden Falle, wo man c so bestimmte,
dass auch die Glieder zweiter Ordnung in Bezug auf β fort-
fielen.

Setzt man, wie es bei der stereographischen Projection
erforderlich ist, $c = 1$, so ist

$$n = \frac{1 - \cos \varpi}{1 + \cos \varpi} = \text{tang}^2 \tfrac{1}{2} \varpi .$$

Ferner ist allgemein

$$\text{tang}\, \frac{\varpi}{2} = n^{\frac{1}{c}} \, \text{tang}\, \frac{h}{2},$$

d. h.

$$\text{tang}\, \frac{\varpi}{2} = n \, \text{tang}\, \frac{h}{2} \quad \text{für } c = 1 .$$

Daraus folgt

$$n = n^2 \, \text{tang}^2 \tfrac{1}{2} h , \quad n = \text{cotg}^2 \tfrac{1}{2} h = \frac{1 + \cos h}{1 - \cos h} = \frac{BG}{GA} .$$

Andererseits war aber $n = \dfrac{BK}{KA}$; mithin fällt K in G, was
mit dem, was wir oben gefunden (Nr. 37), übereinstimmt.

[209] Weiter ersehen wir aus dem Ausdruck für m in
Nr. 37, dass für einen Punkt der Axe BA, der den Abstand

β vom Punkte G hat, $m = \dfrac{GH^2 + \beta^2}{2GH}$ wird. Daraus folgt,

dass, welchen Werth auch die Grösse GH haben mag, die Glieder zweiter Ordnung in Bezug auf β in dem Ausdrucke für m nicht verschwinden können, ausser wenn $GH = \infty$ wird; das ist jedoch nicht zulässig, weil dann auch $m = \infty$ werden würde. Ebenso verschwindet das Glied mit β^2 auch in dem Falle von Nr. 39 nicht, wenn man dem ϖ einen solchen Werth giebt, dass $c = 1$ wird; d. h. wenn man $\sin \varpi = 0$, also $\varpi = 0$ oder $= 180^\circ$ macht oder, was dasselbe, wenn einer der Pole im Mittelpunkte der Karte liegt. In diesem Falle ergiebt sich nämlich die stereographische Polar-projection. Man kann dies Resultat auch direct aus den Formeln von Nr. 38 und 39 ableiten.

Nimmt man nämlich an, dass $\sin \varpi$ unendlich klein ist $= \epsilon$, so ist $c = 1 + \frac{1}{2}\epsilon^2$, $\cos \varpi = 1 - \frac{1}{2}\epsilon^2$, daher $n = \frac{1}{2}\epsilon^2$,

$$\operatorname{tang} \frac{\varpi}{2} = \sqrt{\frac{1 - \cos \varpi}{1 + \cos \varpi}} = \frac{1}{2}\epsilon, \quad \text{und wegen der Bedingung}$$

$\operatorname{tang} \dfrac{\varpi}{2} = n^{\frac{1}{c}} \operatorname{tang} \dfrac{h}{2}$ wird $\operatorname{tang} \dfrac{h}{2} = \dfrac{1}{\epsilon}$, $\cot g \dfrac{h}{2} = \epsilon$. Da

ferner $\dfrac{\lambda}{\mu} = n$ und $\lambda + \mu = 2\delta$, so wird $\lambda = \delta\epsilon^2$, $\mu = 2\delta$.

Führt man diese verschiedenen Werthe in den allgemeinen Ausdruck für m in Nr. 38 ein und vernachlässigt alles, was man mit Rücksicht auf den unendlich kleinen Werth von ϵ vernachlässigen muss, so erhält man

$$m = \delta\epsilon - \frac{1}{2}\beta\epsilon + \frac{\beta^2}{4\delta\epsilon}.$$

Hier verschwindet, wie man sieht, das mit β multiplicirte Glied, wenn man $\epsilon = 0$ setzt; damit verschwindet aber nicht das Glied, das β^2 enthält. Es ist dies der einzige Fall, in dem die Resultate von Nr. 39 nicht zutreffen. Das kommt daher, dass die Gleichung, die sich aus dem Verschwinden des Coefficienten von β^2 ergab, mit $n^{1 + \frac{1}{c}} \operatorname{tang} \dfrac{h}{2}$ multiplicirt war, und dass diese Grösse in unserm Falle $\frac{1}{4}\epsilon^3$ wird. Ich glaubte, in dies Detail eingehen zu müssen, um den scheinbaren Widerspruch, der zwischen den Resultaten von Nr. 37 und 39 besteht, zu beseitigen.

42. Nehmen wir an, dass es sich darum handelt, eine Karte zu construiren, deren Mittelpunkt die Stadt Berlin einnehmen soll, so ist $g = 31^{\circ}2\frac{1}{2}'$, $90^{\circ} - \varpi = 52^{\circ}31\frac{1}{2}'$, mithin $\varpi = 37^{\circ}28\frac{1}{2}'$. Daraus ergiebt sich

$$r = \sqrt{1 + (\sin 37^{\circ}28\frac{1}{2}')^2} = 1,1706$$

und

$$n = \frac{0,3770}{1,9642} = 0,19194 \,.$$

Man muss also als Exponent der Projection die Zahl 1,17 wählen, die sich wenig von der Einheit unterscheidet. Die Projection wird daher von der stereographischen nur wenig abweichen. Nimmt man ferner an, dass Berlin im Punkte K liegt, so hat man die Lage der Pole so zu bestimmen, dass

$$\frac{BK}{KA} = 0,192 \text{ ist, d. h. dass sich } BK : KA \text{ nahezu wie}$$

19 : 100 verhält.

'

5

Allgemeine Auflösung der Aufgabe: Die Theile einer gegebnen Fläche auf einer andern gegebnen Fläche so abzubilden, dass die Abbildung dem Abgebildeten in den kleinsten Theilen ähnlich wird.

Von

C. F. Gauss.

Astronom. Abhandlungen, herausgegeben von H. C. Schumacher.
3. Heft. Altona 1825. S. 5 – 30.

1.

Die Natur einer krummen Fläche wird durch eine Gleichung zwischen den sich auf jeden Punkt derselben beziehenden Coordinaten x, y, z bestimmt. Vermöge dieser Gleichung kann jede dieser drei veränderlichen Grössen wie eine Function der beiden andern betrachtet werden. Noch allgemeiner ist es, noch zwei neue veränderliche Grössen t, u einzuführen, und jede der x, y, z als eine Function von t und u darzustellen, wodurch, wenigstens allgemein zu reden, bestimmte Werthe von t und u allemal einem bestimmten Punkte der Oberfläche angehören, und umgekehrt.

2.

In Beziehung auf eine zweite krumme Fläche sollen X, Y, Z, T, U ähnliche Bedeutungen haben, wie resp. x, y, z, t, u in Beziehung auf die erstere.

3.

Die erste Fläche auf der zweiten abbilden heisst, ein Gesetz festsetzen, nach welchem einem jeden Punkte der ersten

[6] Fläche ein bestimmter Punkt der zweiten entsprechen soll. Dieses wird dadurch geschehen, dass T und U bestimmten Functionen der zwei veränderlichen Grössen t und u gleich gesetzt werden. Insofern die Abbildung gewissen Bedingungen Genüge leisten soll, werden diese Functionen nicht mehr willkürlich sein dürfen. Indem dadurch auch X, Y, Z zu Functionen von t und u werden, müssen diese Functionen, neben der Bedingung, welche die Natur der zweiten Fläche vorschreibt, auch noch derjenigen Genüge leisten, welche in der Abbildung erfüllt werden soll.

4.

Die Aufgabe der königlichen Gesellschaft der Wissenschaften schreibt vor, dass die Abbildung dem Abgebildeten in den kleinsten Theilen ähnlich sein soll. Es kommt zuvörderst darauf an, diese Bedingung analytisch auszudrücken.

Aus der Differentiation der Functionen von t, u, durch welche x, y, z, X, Y, Z ausgedrückt werden, mögen folgende Gleichungen hervorgehen:

$$
\begin{aligned}
dx &= a\,dt + a'\,du, \\
dy &= b\,dt + b'\,du, \\
dz &= c\,dt + c'\,du, \\
dX &= A\,dt + A'\,du, \\
dY &= B\,dt + B'\,du, \\
dZ &= C\,dt + C'\,du.
\end{aligned}
$$

Die vorgeschriebene Bedingung erfordert, erstlich, dass alle von Einem Punkte der ersten Fläche ausgehende und in ihr liegende unendlich kleine Linien den ihnen entsprechenden Linien der zweiten Fläche proportional sind, und zweitens, dass jene unter sich dieselben Winkel machen, wie diese.

Ein solches Linear-Element auf der ersten Fläche wird

$$=\sqrt{(aa+bb+cc)dt^2+2(aa'+bb'+cc')dt\,du+(a'a'+b'b'+c'c')du^2}$$

und das entsprechende auf der zweiten Fläche

$$=\sqrt{(AA+BB+CC)dt^2+2(AA'+BB'+CC')dt\,du+(A'A'+B'B'+C'C')du^2}$$

[7] Sollen beide, unabhängig von dt und du, in einem bestimmten Verhältnisse zu einander stehen, so müssen offenbar die drei Grössen

$$aa + bb + cc, \quad aa' + bb' + cc', \quad a'a' + b'b' + c'c'$$

respective den drei folgenden proportional sein:

$$AA + BB + CC, \quad AA' + BB' + CC', \quad A'A' + B'B' + C'C'.$$

Wenn den Endpunkten eines zweiten Elements auf der ersten Fläche die Werthe

$$t, \; u \;\text{ und }\; t + \delta t, \quad u + \delta u$$

entsprechen, so ist der Cosinus des Winkels, welchen dasselbe mit dem ersten Element macht,

$$\frac{(adt + a'du)(a\delta t + a'\delta u) + (bdt + b'du)(b\delta t + b'\delta u) + (cdt + c'du)(c\delta t + c'\delta u)}{\sqrt{((adt + a'du)^2 + (bdt + b'du)^2 + (cdt + c'du)^2) \cdot ((a\delta t + a'\delta u)^2 + (b\delta t + b'\delta u)^2 + (c\delta t + c'\delta u)^2)}}$$

und für den Cosinus des Winkels zwischen den correspondirenden Elementen auf der zweiten Fläche ergiebt sich ein ganz ähnlicher Ausdruck, wenn nur a, b, c, a', b', c', in A, B, C, A', B', C'' verwandelt werden. Offenbar werden beide Ausdrücke einander gleich, wenn die obige Proportionalität stattfindet, und die zweite Bedingung wird daher schon mit in der ersten begriffen, welches auch bei einigem Nachdenken von selbst klar ist.

Der analytische Ausdruck der Bedingung unserer Aufgabe ist demnach, dass

$$\frac{AA + BB + CC}{aa + bb + cc} = \frac{AA' + BB' + CC'}{aa' + bb' + cc'} = \frac{A'A' + B'B' + C'C''}{a'a' + b'b' + c'c'}$$

werden muss, welches eine endliche Function von t und u sein wird, die wir $= mm$ setzen wollen. Es drückt dann m das Verhältniss aus, in welchem die Lineargrössen auf der ersten Fläche in ihrer Abbildung auf der zweiten vergrössert oder verkleinert werden (je nachdem m grösser oder kleiner ist als 1). Dieses Verhältniss wird, allgemein zu reden, nach den Stellen verschieden sein: in dem speciellen Falle, wo m constant ist, wird eine vollkommene Aehnlichkeit auch in den endlichen Theilen, und wenn überdiess $m = 1$ ist, wird eine vollkommene Gleichheit stattfinden, und die eine Fläche sich auf die andere abwickeln lassen.

[8]   5.

Indem wir Kürze halber

$$(aa + bb + cc)dt^2 + 2(aa' + bb' + cc')dt\,du$$
$$+ (a'a' + b'b' + c'c')du^2 = \omega$$

setzen, bemerken wir, dass die Differentialgleichung $\omega = 0$ zwei Integrationen zulassen wird. Indem man nämlich das Trinomium ω in zwei, in Beziehung auf dt und du lineare, Factoren zerlegt, muss entweder der eine oder der andere Factor $= 0$ werden, welches zwei verschiedene Integrationen geben wird. Die eine Integration wird der Gleichung

$$0 = (aa + bb + cc)dt$$
$$+ \left\{ aa' + bb' + cc' + i\sqrt{(aa + bb + cc)(a'a' + b'b' + c'c') - (aa' + bb' + cc')^2} \right\} du$$

entsprechen (wo i Kürze halber für $\sqrt{-1}$ geschrieben ist, indem man sich leicht überzeugt, dass der irrationale Theil des Ausdrucks imaginär werden muss); die andere einer ganz ähnlichen Gleichung, wenn nur i mit $-i$ vertauscht wird. Ist also das Integral der erstern Gleichung dieses:

$$p + iq = \text{Const.},$$

wo p und q reelle Functionen von t und u bedeuten, so wird das andere Integral

$$p - iq = \text{Const.},$$

und die Natur der Sache wird es mit sich bringen, dass

$$(dp + idq)(dp - idq) \quad \text{oder} \quad dp^2 + dq^2$$

ein Factor von ω, oder

$$\omega = n(dp^2 + dq^2)$$

werden muss, wo n eine endliche Function von t und u sein wird.

Wir wollen nun das Trinomium, in welches

$$dX^2 + dY^2 + dZ^2$$

übergeht, wenn für dX, dY, dZ ihre Werthe durch T, U, dT, dU substituirt werden, durch Ω bezeichnen, und annehmen, dass auf ähnliche Weise, wie vorher, die beiden Integrale der Gleichung $\Omega = 0$ diese sein:

[9] $P + iQ = \text{Const.},$

$$P - iQ = \text{Const.}$$

und

$$\Omega = N(dP^2 + dQ^2),$$

wo P, Q, N reelle Functionen von T und U bedeuten werden.

Diese Integrationen lassen sich (die allgemeinen Schwierigkeiten des Integrirens bei Seite gesetzt) offenbar vor der Auflösung unsrer Hauptaufgabe ausführen.

Wenn nun für T, U solche Functionen von t, u substituirt werden, wobei die Bedingung unsrer Hauptaufgabe erfüllt wird, so geht Ω in $m m \omega$ über, und es wird

$$\frac{(dP + idQ)(dP - idQ)}{(dp + idq)(dp - idq)} = \frac{m m u}{N}.$$

Man sieht aber leicht, dass der Zähler im ersten Theile dieser Gleichung durch den Nenner nur dann theilbar sein kann, wenn entweder

$$dP + idQ \quad \text{durch} \quad dp + idq,$$

und

$$dP - idQ \quad \text{durch} \quad dp - idq,$$

oder

$$dP + idQ \quad \text{durch} \quad dp - idq,$$

und

$$dP - idQ \quad \text{durch} \quad dp + idq$$

theilbar ist. Im ersteren Falle wird demnach $dP + idQ$ verschwinden, wenn $dp + idq = 0$, oder $P + iQ$ wird constant werden, wenn $p + iq$ constant angenommen wird, d. i. $P + iQ$ wird bloss Function von $p + iq$ sein, und ebenso $P - iQ$ Function von $p - iq$. Im andern Falle wird $P + iQ$ Function von $p - iq$, und $P - iQ$ Function von $p + iq$ sein. Es ist leicht einzusehen, dass diese Folgerungen auch umgekehrt gelten, nämlich dass, wenn für $P + iQ$, $P - iQ$ Functionen von $p + iq$, $p - iq$ (entweder respective, oder verkehrt) angenommen werden, die endliche Theilbarkeit des Ω durch ω, und sonach die oben erforderlich gefundene Proportionalität statthaben wird.

Man überzeugt sich übrigens leicht, dass, wenn z. B.

$$P + iQ = f(p + iq), \quad P - iQ = f_1(p - iq)$$

gesetzt werden, die Beschaffenheit der Function f_1 schon durch die von f bedingt wird. Wenn nämlich unter den constanten Grössen, welche letztere etwa involviren mag, keine andere als reelle befindlich sind, so wird die andere f_1 mit der f ganz identisch sein müssen, damit jedesmal reellen Werthen von p, q [10] reelle Werthe von P, Q entsprechen; im entgegengesetzten Falle wird sich f_1 von f nur dadurch unterscheiden, dass in den imaginären Elementen von f statt i überall das entgegengesetzte $- i$ gesetzt werden muss.

Man hat hiernächst

$$P = \tfrac{1}{2}f(p + iq) + \tfrac{1}{2}f_1(p - iq),$$
$$iQ = \tfrac{1}{2}f(p + iq) - \tfrac{1}{2}f_1(p - iq),$$

oder, was dasselbe ist, indem die Function f ganz willkürlich angenommen wird (nach Gefallen mit Inbegriff constanter imaginärer Elemente), wird P dem reellen und iQ (bei der zweiten Auflösung $-iQ$) dem imaginären Theile von $f(p+iq)$ gleich gesetzt, und hieraus sodann vermittelst der Elimination T und U in der Gestalt von Functionen von t und u dargestellt werden. Hierdurch ist die vorgegebene Aufgabe ganz allgemein und vollständig aufgelöst.

6.

Wenn $p' + iq'$ eine beliebige bestimmte Function von $p + iq$ vorstellt (indem p', q' reelle Functionen von p, q sind), so sieht man leicht, dass auch

$$p' + iq' = \text{Const.} \quad \text{und} \quad p' - iq' = \text{Const.}$$

die Integrale der Differentialgleichung $\omega = 0$ darstellen; in der That werden jene mit den obigen

$$p + iq = \text{Const.} \quad \text{und} \quad p - iq = \text{Const.}$$

resp. ganz gleichbedeutend sein. Ebenso werden die Integrale der Differentialgleichung $\Omega = 0$

$$P' + iQ' = \text{Const.} \quad \text{und} \quad P' - iQ' = \text{Const.}$$

mit den obigen

$$P + iQ = \text{Const.} \quad \text{und} \quad P - iQ = \text{Const.}$$

ganz gleichbedeutend sein, wenn $P' + iQ'$ eine beliebige bestimmte Function von $P + iQ$ vorstellt (indem P', Q' reelle Functionen von P, Q sind). Es erhellt hieraus, dass in der allgemeinen Auflösung unsrer Aufgabe, welche wir im vorhergehenden Artikel gegeben haben, auch p', q' die Stelle von p, q, und [11] P', Q' die Stelle von P, Q vertreten können. Wenn gleich die Allgemeinheit der Auflösung durch eine solche Abänderung nichts gewinnt, so kann doch zuweilen für die Anwendung eine Form zu diesem, die andere zu jenem Zweck bequemer sein.

7.

Wenn die Functionen, welche aus der Differentiation der willkürlichen Functionen f, f_1 entspringen, durch q und q_1 resp. bezeichnet werden, so dass

$$d \cdot f \, v) = q \, (v) \cdot dv, \quad d \cdot f_1 (v = \varphi_1 \, v) \cdot dv,$$

so wird in Folge unsrer allgemeinen Auflösung

$$\frac{dP + idQ}{dp + idq} = q(p + iq). \quad \frac{dP - idQ}{dp - idq} = q_1(p - iq).$$

also

$$\frac{m\,m\,u}{N} = q(p + iq)\, q_1(p - iq).$$

Das Vergrösserungsverhältniss bestimmt sich daher durch die Formel

$$m = \sqrt{\frac{dp^2 + dq^2}{\omega}} \cdot \frac{\Omega}{dP^2 + dQ^2} \cdot q(p + iq)\, q_1(p - iq).$$

8.

Wir wollen nun noch unsre allgemeine Auflösung mit einigen Beispielen erläutern, wodurch sowohl die Art der Anwendung, als die Beschaffenheit einiger dabei noch in Betracht kommenden Umstände am besten ins Licht gesetzt werden wird.

Es seien zuvörderst beide Flächen Ebenen, wo wir

$$x = t, \quad y = u, \quad z = 0,$$
$$X = T, \quad Y = U, \quad Z = 0$$

werden setzen können. Die Differentialgleichung

$$\omega = dt^2 + du^2 = 0$$

giebt hier die beiden Integrale

$$t + iu = \text{Const.}, \quad t - iu = \text{Const.},$$

und ebenso sind die beiden Integrale der Gleichung

$$\Omega = dT^2 + dU^2 = 0,$$

folgende:

$$T + iU = \text{Const.}, \quad T - iU = \text{Const.}$$

[12] Die beiden allgemeinen Auflösungen der Aufgabe sind demnach:

I. $T + iU = f(t + iu), \quad T - iU = f_1(t - iu),$

II. $T + iU = f(t - iu), \quad T - iU = f_1(t + iu).$

Dieses Resultat lässt sich auch so ausdrücken: Indem die Charakteristik f eine beliebige Function bedeutet, hat man den reellen Theil von $f(x + iy)$ für X, und den imaginären Theil, mit Weglassung des Factors i, entweder für Y oder für $- Y$ anzunehmen.

Gebraucht man die Charakteristiken φ, φ_1 in der Bedeutung des Art. 7 und setzt

$$\varphi(x + iy) = \xi + i\eta, \quad \varphi_1(x - iy) = \xi - i\eta,$$

wo offenbar ξ und η reelle Functionen von x und y sein werden, so hat man, in der ersten Auflösung,

$$dX + idY = (\xi + i\eta)(dx + idy),$$
$$dX - idY = (\xi - i\eta)(dx - idy)$$

und folglich

$$dX = \xi dx - \eta dy,$$
$$dY = \eta dx + \xi dy.$$

Macht man nun

$$\xi = \sigma \cos \gamma, \qquad \eta = \sigma \sin \gamma,$$
$$dx = ds \cos g, \qquad dy = ds \sin g,$$
$$dX = dS \cos G, \qquad dY = dS \sin G,$$

so dass ds ein Linearelement in der ersten Ebene, g dessen Neigung gegen die Abscissenlinie, dS das correspondirende Linearelement in der zweiten Ebene und G dessen Neigung gegen die Abscissenlinie bedeutet, so geben die obigen Gleichungen

$$dS \cos G = \sigma \, ds \cos(g + \gamma),$$
$$dS \sin G = \sigma \, ds \sin(g + \gamma)$$

und folglich, wenn man, was erlaubt ist, σ als positiv betrachtet,

$$dS = \sigma \, ds, \quad G = g + \gamma.$$

Man sieht also (in Uebereinstimmung mit Art. 7), dass σ das Verhältniss der Vergrösserung des Elements ds in der Darstellung dS vorstellt und, wie gehörig, von g unabhängig ist; und ebenso zeigt die Unabhängigkeit des Winkels γ von g, dass [13] alle von einem Punkte ausgehende Linearelemente in der ersten Ebene durch Elemente in der zweiten Ebene dargestellt werden, die unter sich und, wie wir hinzufügen

können, in demselben Sinn, dieselben Winkel bilden,
wie jene.

Wählt man für f eine linearische Function, so dass
$f(v) = A + Bv$, wo die constanten Coëfficienten von der
Form sind

$$A = a + bi, \quad B = c + ci,$$

so wird

$$q(v) = B = c + ci,$$

also

$$\sigma = \sqrt{cc + cc}, \quad \gamma = \text{Arc. tang } \frac{c}{c}.$$

Das Vergrösserungsverhältniss ist folglich in allen Punkten
constant, und die Darstellung dem Dargestellten durchaus
ähnlich.

Für jede andere Function f wird (wie man leicht beweisen kann) das Vergrösserungsverhältniss nicht constant sein,
und die Aehnlichkeit also nur in den kleinsten Theilen stattfinden können.

Sind die Plätze, welche einer bestimmten Anzahl von
gegebenen Punkten der ersten Ebene in der Darstellung entsprechen sollen, vorgeschrieben, so kann man leicht nach der
gemeinen Interpolationsmethode die einfachste algebraische
Function f finden, wodurch diese Bedingung erfüllt wird.
Bezeichnet man nämlich die Werthe von $x + iy$ für die gegebenen Punkte durch a, b, c u. s. w., und die correspondirenden Werthe von $X + iY$ durch A, B, C u. s. w., so
wird man

$$f(v = \frac{(v-b)(v-c)\cdots}{(a-b)(a-c)\cdots} \cdot A + \frac{(v-a)(v-c)\cdots}{(b-a)(b-c)\cdots} \cdot B$$
$$+ \frac{(v-a)(v-b)\cdots}{(c-a)(c-b)\cdots} \cdot C + \text{etc.}$$

setzen müssen, welches eine algebraische Function von v ist,
deren Ordnung um eine Einheit kleiner ist, als die Anzahl
der vorgegebenen Punkte. Für zwei Punkte, wo die Function
linearisch wird, findet folglich vollkommene Aehnlichkeit statt.

Man kann von diesem Verfahren in der Geodäsie eine
nützliche Anwendung machen, um eine auf mittelmässige
Messungen gegründete Karte, die im kleinen Detail gut, aber
im ·14· Ganzen etwas verzerrt ist, in eine bessere zu ver-
wandeln, wenn man die richtige Lage einer Anzahl von

Punkten kennt. Es versteht sich jedoch, dass man bei einer solchen Umformung nicht viel über die Gegend hinausgehen darf. welche letztere Punkte umfassen.

Wenn man die zweite Auflösung auf dieselbe Art durchführt, so findet man, dass der ganze Unterschied nur darin besteht, dass die Aehnlichkeit eine verkehrte ist, indem alle Elemente in der Darstellung zwar eben so grosse Winkel mit einander machen, wie im Dargestellten. aber in verkehrtem Sinn. so dass dort rechts liegt, was hier links ist. Dieser Unterschied ist aber kein wesentlicher, und verschwindet. wenn man in der einen Ebene diejenige Seite. welche man vorher als obere betrachtete. zur untern macht. Diese letztere Bemerkung lässt sich übrigens allemal in Anwendung bringen, wenn die eine der beiden Flächen eine Ebene ist, daher wir in den folgenden Beispielen dieser Art uns bloss auf die erste Auflösung beschränken können.

9.

Wir wollen nun (als zweites Beispiel) die Darstellung der Fläche eines geraden Kegels in der Ebene betrachten. Als Gleichung der ersteren nehmen wir an

$$xx + yy - kkzz = 0,$$

wo wir ferner

$$x = kt \cos u.$$
$$y = kt \sin u,$$
$$z = t$$

und, wie vorhin, $X = T$, $Y = U$, $Z = 0$ setzen.

Die Differentialgleichung

$$\omega = (kk + 1)dt^2 + kkttdu^2 = 0$$

giebt hier die beiden Integrale

$$\log t \pm i \sqrt{\frac{kk}{kk + 1}} \cdot u = \text{Const.}$$

15. Wir haben demnach die Auflösung

$$X + iY = f\left(\log t + i \sqrt{\frac{kk}{kk + 1}} \cdot u\right).$$

$$X - iY = f_1\left(\log t - i \sqrt{\frac{kk}{kk + 1}} \cdot u\right).$$

d. i. es wird, indem f eine willkürliche Function bedeutet, für X der reelle Theil von

$$f\left(\log t + i \sqrt{\frac{kk}{kk+1}} \cdot u\right)$$

und für Y der imaginäre, nach Weglassung des Factors i, angenommen.

Setzt man für f z. B. eine Exponentialgrösse, nämlich

$$f(v) = h e^v,$$

wo h constant ist und e die Basis der hyperbolischen Logarithmen bedeutet, so hat man die einfachste Darstellung

$$X = h t \cos\left(\sqrt{\frac{kk}{kk+1}} \cdot u\right), \quad Y = h t \sin\left(\sqrt{\frac{kk}{kk+1}} \cdot u\right).$$

Die Anwendung der Formeln des 7. Art. giebt hier

$$u = (kk+1) t t,$$
$$N = 1$$

und, da $q(v) = q_1(v) = h e^v$,

$$q\left(\log t + i \sqrt{\frac{kk}{kk+1}} \cdot u\right) q_1\left(\log t - i \sqrt{\frac{kk}{kk+1}} \cdot u\right) = h h t t,$$

folglich:

$$m = \frac{h}{\sqrt{kk+1}}.$$

also constant. Macht man also noch

$$h = \sqrt{kk+1},$$

so wird die Darstellung eine vollkommene Abwicklung.

10.

Es sei drittens die Kugelfläche, deren Halbmesser $= a$, in der Ebene darzustellen Wir setzen hier:

$$x = a \cos t \sin u,$$
$$y = a \sin t \sin u,$$
$$z = a \cos u,$$

[**16**] wodurch wir erhalten:

$$\omega = aa \sin^2 u \, dt^2 + aa \, du^2.$$

Die Differentialformel $\omega = 0$ giebt folglich:

$$dt \mp i \cdot \frac{du}{\sin u} = 0,$$

und deren Integration

$$t \pm i \log \cotang \tfrac{1}{2} u = \text{Const}.$$

Es wird daher, wenn wir wiederum durch die Charakteristik f eine willkürliche Function andeuten, X dem reellen und iY dem imaginären Theile von

$$f(t + i \log \cotang \tfrac{1}{2} u)$$

gleich gesetzt werden müssen. Wir wollen ein Paar specielle Fälle dieser allgemeinen Auflösung anführen.

Wählt man für f eine lineare Function, indem man $f(v) = kv$ setzt, so wird

$$X = kt, \quad Y = k \log \cotang \tfrac{1}{2} u.$$

Auf die Erde angewandt, ist dies, wenn man t die geographische Länge, $90° - u$ die Breite bedeuten lässt, offenbar mit *Mercator*'s Projection einerlei. Für das Vergrösserungsverhältniss geben hier die Formeln des 7. Artikels:

$$m = \frac{k}{a \sin u}.$$

Nimmt man für f eine imaginäre Exponentialfunction, und zwar zuerst die einfachste $f(v) = ke^{iv}$, so wird:

$$f(t + i \log \cotang \tfrac{1}{2} u) = k e^{\log \tang \frac{1}{2} u + it}$$
$$= k \tang \tfrac{1}{2} u (\cos t + i \sin t)$$

und

$$X = k \tang \tfrac{1}{2} u \cdot \cos t, \quad Y = k \tang \tfrac{1}{2} u \cdot \sin t,$$

welches, wie man leicht sieht, die stereographische Polarprojection ist.

Setzt man allgemeiner $f(v) = ke^{i\lambda v}$, so wird

$$X = k \tang^\lambda \tfrac{1}{2} u \cdot \cos \lambda t, \quad Y = k \tang^\lambda \tfrac{1}{2} u \cdot \sin \lambda t.$$

Für das Vergrösserungsverhältniss erhalten wir hier:

$$\nu = aa \sin^2 u. \quad X = 1, \quad \varphi'v) = i\lambda k e^{i\lambda v},$$

und hieraus

$$m = \frac{\lambda k \ \text{tang}^\lambda \ \frac{1}{2} u}{u \ \sin u}.$$

17] Man sieht, dass hier die Darstellung aller Punkte, für welche u constant ist, in Einen Kreis, und die Darstellung aller Punkte, für welche t constant ist, in Eine gerade Linie fällt, wie auch, dass die allen verschiedenen Werthen von u angehörigen Kreise concentrisch sind. Dies giebt eine sehr zweckmässige Kartenprojection, wenn nur ein Theil der Kugelfläche darzustellen ist, und man thut dann am besten, λ so zu wählen, dass das Vergrösserungsverhältniss für die äussersten Werthe von u gleich gross wird, wodurch es gegen die Mitte zu seinen kleinsten Werth erhält. Sind diese äussersten Werthe von u diese: u^0 und u', so wird man demnach setzen müssen:

$$\lambda = \frac{\log \sin u' - \log \sin u^0}{\log \text{tang} \ \frac{1}{2} u' - \log \text{tang} \ \frac{1}{2} u^0}.$$

Die Blätter von Herrn Prof. *Harding's* Sternkarten Nr. 19 bis 26 sind nach dieser Projection gezeichnet.

11.

Man kann die allgemeine Auflösung für das im vorhergehenden Artikel behandelte Beispiel noch in einer andern Form aufstellen, die wir ihrer Eleganz wegen hier noch beifügen zu müssen glauben.

In Folge des im 6. Art. Vorgetragenen wird, da

$$\text{tang} \ \tfrac{1}{2} u \cos t + i \sin t)$$

eine Function von

$$t + i \log \cotang \tfrac{1}{2} u$$

ist, und

$$\text{tang} \ \tfrac{1}{2} u(\cos t + i \sin t) = \frac{\sin u \cos t + i \sin u \sin t}{i + \cos u} = \frac{x + iy}{u + z}.$$

die allgemeine Auflösung auch durch

$$X + iY = f\left(\frac{x + iy}{u + z}\right), \quad X - iY \quad f_1\left(\frac{x}{u} \frac{iy}{z}\right)$$

[18] dargestellt werden können, d. i. X muss dem reellen und iY dem imaginären Theil von $f\left(\dfrac{x+iy}{a+z}\right)$ gleich gesetzt werden, indem f eine willkürliche Function bezeichnet. Anstatt $f\left(\dfrac{x+iy}{a+z}\right)$ kann man, wie man leicht sieht, auch eine willkürliche Function von $\dfrac{y+iz}{a+x}$, oder von $\dfrac{z+ix}{a+y}$ nehmen.

12.

Wir wollen viertens die Darstellung der Oberfläche des Revolutions-Ellipsoids in der Ebene betrachten. Es seien a und b die beiden halben Hauptaxen des Ellipsoids, so dass

$$x = a \cos t \sin u.$$
$$y = a \sin t \sin u,$$
$$z = b \cos u$$

gesetzt werden kann. Hier wird also

$$\omega = aa \sin^2 u\, dt^2 + (aa \cos^2 u + bb \sin^2 u)\, du^2,$$

und die Differentialformel $\omega = 0$ giebt. wenn wir Kürze halber $\sqrt{1 - \dfrac{bb}{aa}} = \varepsilon$ setzen (insofern die Revolutionshalbaxe $b < a$,

$$0 = dt \mp idu \cdot \sqrt{\cotang^2 u + 1 - \varepsilon\varepsilon}.$$

Setzt man hier

$$\sqrt{1 - \varepsilon\varepsilon} \cdot \tang u = \tang w.$$

wo, bei der Anwendung auf das Erdsphäroid, $90^\circ - w$ die geographische Breite und t die Länge vorstellen wird, so verwandelt sich diese Gleichung in

$$0 = dt \mp idw \cdot \frac{1 - \varepsilon\varepsilon}{(1 - \varepsilon\varepsilon \cos^2 w) \sin w},$$

deren Integration

$$\mathrm{Const.} = t \pm i \log \cdot \left\{\cotang \tfrac12 w \cdot \left(\frac{1 - \varepsilon \cos w}{1 + \varepsilon \cos w}\right)^{\frac12 \varepsilon}\right\}$$

19 giebt. Man hat daher, indem f eine willkürliche Function bedeutet, für X den reellen und für iY den imaginären Theil von

$$f\left(t + i \log \left\{\operatorname{cotang} \tfrac{1}{2} w \cdot \left(\frac{1 - i \cos w}{1 + i \cos w}\right)^{\tfrac{1}{2}i}\right\}\right)$$

zu nehmen. — Wählt man für f eine lineare Function, d. i. $f(v) = kv$, so wird

$$X = kt, \quad Y = k \log \operatorname{cotang} \tfrac{1}{2} w - \tfrac{1}{2} k i \log \left(\frac{1 - i \cos w}{1 - i \cos w}\right),$$

welches eine der *Mercator*'schen analoge Projection giebt.

Nimmt man hingegen für f eine imaginäre Exponential-function $f(v) = k e^{i \lambda t}$, so wird

$$X = k \cdot \operatorname{tang}^{\lambda} \tfrac{1}{2} w \left(\frac{1 + i \cos w}{1 - i \cos w}\right)^{\tfrac{1}{2} i \lambda} \cdot \cos \lambda t,$$

$$Y = k \cdot \operatorname{tang}^{\lambda} \tfrac{1}{2} w \left(\frac{1 + i \cos w}{1 - i \cos w}\right)^{\tfrac{1}{2} i \lambda} \cdot \sin \lambda t,$$

welches, wenn man $\lambda = 1$ setzt, eine der stereographischen Polarprojection analoge, und allgemein, eine zur Darstellung eines Theils der Erdoberfläche, insofern man auf die Ab-plattung Rücksicht nehmen soll, sehr zweckmässige Projection giebt.

Was über den andern Fall, wo $b > a$ ist, zu sagen ist, lässt sich zwar leicht aus dem vorhergehenden unmittelbar ableiten, wo, wenn man dieselben Bezeichnungen beibehält, i imaginär, aber $\left(\frac{1 + i \cos w}{1 - i \cos w}\right)^{\tfrac{1}{2}i}$ doch wieder reell wird. Der Vollständigkeit wegen wollen wir jedoch die Formeln für diesen Fall noch besonders beifügen, und gleich Anfangs $\sqrt{\frac{bb}{aa} - 1} = i$, setzen. Man hat dann w durch die Gleichung

$$\sqrt{1 + ii} \cdot \operatorname{tang} u = \operatorname{tang} w$$

zu bestimmen, und die Differentialgleichung

$$0 = dt \mp i dw \cdot \frac{1 + ii}{1 \mp ii \cos^2 w \sin w}$$

wird das Integral

Const. $= t \pm i (\log \text{cotang} \tfrac{1}{2} w + \eta \text{ Arc. tang} (\eta \cos w))$

20] geben, so dass X für den reellen und iY für den imaginären Theil von

$$f\{t + i (\log \text{cotang} \tfrac{1}{2} w + \eta \text{ Arc. tang} (\eta \cos w))\}$$

wird genommen werden müssen. Die Gegenstücke der beiden obigen speciellen Anwendungen ergeben sich hieraus von selbst. Nach der erstern wird

$$X = kt, \quad Y = k \log \text{cotang} \tfrac{1}{2} w + \eta k \text{ Arc. tang} (\eta \cos w),$$

nach der andern

$$X = k \text{ tang}^{\lambda} \tfrac{1}{2} w \cdot e^{-\eta\lambda \text{ Arc. tang} (\eta \cos w)} \cdot \cos \lambda t,$$

$$Y = k \text{ tang}^{\lambda} \tfrac{1}{2} w \cdot e^{-\eta\lambda \text{ Arc. tang} (\eta \cos w)} \cdot \sin \lambda t$$

gesetzt werden müssen.

13.

Als letztes Beispiel wollen wir die allgemeine Darstellung der Oberfläche des Umdrehungs-Ellipsoids auf der Kugelfläche betrachten. Für jenes wollen wir die Bezeichnungen des vorhergehenden Artikels beibehalten, den Halbmesser der Kugelfläche $= A$, und

$$X = A \cos T \sin U,$$
$$Y = A \sin T \sin U,$$
$$Z = A \cos U$$

setzen. Wenn man hier die allgemeine Auflösung des 5. Artikels zur Anwendung bringt, so findet man, dass, indem f eine willkürliche Function bedeutet, T dem reellen und $i \log \text{cotang} \tfrac{1}{2} U$ dem imaginären Theile von

$$f\left(t + i \log \left\{\text{cotang} \tfrac{1}{2} w \cdot \left(\frac{1 - \varepsilon \cos w}{1 + \varepsilon \cos w}\right)^{\frac{1}{2}\varepsilon}\right\}\right)$$

gleich gesetzt werden muss*).

---

*) Wir übergehen hier theils die zweite Auflösung des 5. Artikels, die sich von der obigen nur durch Vertauschung von $- T$ gegen $+ T$ unterscheiden und einer verkehrten Darstellung entsprechen würde, theils den Fall eines länglichen Ellipsoids, dessen Behandlung nach dem, was im vorigen Artikel vorgekommen, sich aus der des abgeplatteten von selbst ergiebt.

21 Die einfachste Auflösung wird sein, $f(v) = v$ zu setzen, wodurch

$$T = t, \quad \tang \tfrac{1}{2} U = \tang \tfrac{1}{2} w \cdot \left(\frac{1 + \iota \cos w}{1 - \iota \cos w} \right)^{\frac{1}{2}\iota}$$

wird. Dies bietet eine für die höhere Geodäsie überaus brauchbare Transformation dar, von welcher Benutzung wir jedoch hier nur einiges und nur kurz andeuten können. Wenn nämlich auf der Oberfläche des Ellipsoids und der Kugel diejenigen Punkte als einander correspondirend angesehen werden, die einerlei Länge haben, und deren Breiten, resp. $90^\circ - U$, $90^\circ - w$, vermöge der angeführten Gleichung zusammenhängen, so entspricht einem System von, verhältnissmässig, kleinen Dreiecken (und das werden diejenigen immer sein, die zur wirklichen Messung dienen können), die auf der Oberfläche des Sphäroids durch kürzeste Linien gebildet werden, auf der Kugelfläche ein System von Dreiecken, deren Winkel den correspondirenden auf dem Sphäroid genau gleich sind, und deren Seiten von grössten Kreisbogen so wenig abweichen, dass sie in den meisten Fällen, wo nicht die alleräusserste Schärfe verlangt wird, als damit zusammenfallend betrachtet werden können, sowie auch da, wo die grösste Genauigkeit gefordert wird, die Abweichung vom grössten Kreise leicht mit aller nöthigen Schärfe durch einfache Formeln sich berechnen lässt. Man kann daher das ganze System, nachdem man zuerst eine Dreiecksseite auf die Kugelfläche gehörig übertragen hat, ganz so, als wenn es auf dieser selbst läge, vermittelst der Winkel berechnen, nöthigenfalls mit der eben angedeuteten Modification, für alle Punkte des Systems die Werthe von T und U bestimmen, und von letzteren auf die correspondirenden Werthe von w (am einfachsten vermittelst einer äusserst leicht zu construirenden Hülfstafel) zurückgehen.

Insofern ein Dreiecksnetz sich doch immer nur über einen sehr mässigen Theil der Erdoberfläche erstreckt, lässt sich der erwähnte Zweck noch vollkommener erreichen, wenn man die allgemeine Auflösung noch etwas generalisirt, und nicht $f(v) = v$, **22** sondern $f(v) = v + \text{Const.}$ annimmt. Offenbar würde hierdurch gar nichts gewonnen, wenn man dieser Constante einen reellen Werth beilegte, weil dadurch lediglich T und t um diese Constante verschieden, also nur die Anfangspunkte der Längen ungleich werden würden. Allein ganz anders verhält es sich, wenn man der Constante einen imaginären Werth beilegt. Setzt man dieselbe $= i \log k$, so wird

$$T = t, \quad \tan \tfrac{1}{2} U = k \tan \tfrac{1}{2} w \cdot \left(\frac{1 + \varepsilon \cos w}{1 - \varepsilon \cos w} \right)^{\frac{1}{2}\varepsilon}.$$

Um hier über den zweckmässigsten Werth von k entscheiden zu können, müssen wir vor allen Dingen das Vergrösserungsverhältniss bestimmen. Es wird hier, in den Zeichen des 5. und 6. Artikels,

$$n = aa \ \sin^2 u,$$
$$N = AA \sin^2 U,$$
$$\varphi(v) = 1.$$

Also

$$m = \frac{A \sin U}{a \sin u} = \frac{A \sin U}{a \sin w} \cdot \sqrt[]{1 - \varepsilon\varepsilon \cos^2 w}$$

$$= \frac{A}{a} \cdot \frac{k(1 - \varepsilon\varepsilon \cos^2 w)^{\frac{1}{2} + \frac{1}{2}\varepsilon}}{\cos^2 \tfrac{1}{2} w(1 - \varepsilon \cos w)^\varepsilon + kk \sin^2 \tfrac{1}{2} w(1 + \varepsilon \cos w)^\varepsilon},$$

welches Verhältniss also bloss von der Breite abhängt. Die möglich geringste Abweichung von vollkommener Aehnlichkeit erhält man, wenn man k so bestimmt, dass m für die äussersten Breiten gleich grosse Werthe erhält, wodurch von selbst m bei der mittleren Breite seinem grössten oder kleinsten Werthe sehr nahe sein wird. Bezeichnet man die äussersten Werthe von w durch w^0 und w', so erhält man auf diese Weise:

$$k = \sqrt{\frac{\dfrac{\cos^2 \tfrac{1}{2} w^0 (1 - \varepsilon \cos w^0)^\varepsilon}{(1 - \varepsilon\varepsilon \cos^2 w^0)^{\frac{1}{2} + \frac{1}{2}\varepsilon}} \quad \dfrac{\cos^2 \tfrac{1}{2} w' (1 - \varepsilon \cos w')^\varepsilon}{(1 - \varepsilon\varepsilon \cos^2 w')^{\frac{1}{2} + \frac{1}{2}\varepsilon}}}{\dfrac{\sin^2 \tfrac{1}{2} w' (1 + \varepsilon \cos w')^\varepsilon}{(1 - \varepsilon\varepsilon \cos^2 w')^{\frac{1}{2} + \frac{1}{2}\varepsilon}} \quad \dfrac{\sin^2 \tfrac{1}{2} w^0 (1 + \varepsilon \cos w^0)^\varepsilon}{(1 - \varepsilon\varepsilon \cos^2 w^0)^{\frac{1}{2} + \frac{1}{2}\varepsilon}}}}.$$

[23 Um zu erfahren, bei welcher Breite m seinen grössten oder kleinsten Werth erhält, haben wir:

$$\frac{dm}{m} = \cot U \cdot dU - \cot w \cdot dw + \frac{\varepsilon\varepsilon \cos w \cdot \sin w \cdot dw}{1 - \varepsilon\varepsilon \cos^2 w},$$

$$\frac{dU}{\sin U} = \frac{dw}{\sin w} - \frac{\varepsilon\varepsilon \sin w \cdot dw}{1 - \varepsilon\varepsilon \cos^2 w} = \frac{(1 - \varepsilon\varepsilon) dw}{(1 - \varepsilon\varepsilon \cos^2 w) \sin w}$$

und hieraus:

$$\frac{dm}{m} = \frac{(1 - \iota\iota)dw}{\sin w \cdot 1 - \iota\iota \cos^2 w} \cdot \cos l' - \cos w .$$

Hieraus erhellet, dass m da seinen grössten oder kleinsten Werth erhält, wo $l' = w$ wird; bezeichnet man den Werth von w an dieser Stelle durch W', so wird:

$$k = \left(\frac{1 - \iota \cos W'}{1 + \iota \cos W'} \right)^{\frac{1}{\iota}} \quad \text{oder} \quad \cos W' = \frac{1 - k^{\frac{2}{\iota}}}{\iota\, ' 1 - k^{\iota}} .$$

woraus man W' bestimmen kann, wenn k nach der obigen Formel berechnet ist. Für die Ansübung wird inzwischen auf die ganz genaue Gleichheit der Werthe von m an den äussersten Breiten wenig ankommen, und man kann sich begnügen, für $90^\circ - W'$ ungefähr die mittlere Breite zu wählen, und daraus k abzuleiten. Den allgemeinen Zusammenhang zwischen l' und w giebt dann die Formel:

$$\tan \tfrac{1}{2} l' = \tan \tfrac{1}{2} w \left\{ \frac{1 - \iota \cos W')(1 + \iota \cos w}{(1 + \iota \cos W' (1 - \iota \cos w)} \right\}^{\frac{1}{2}\iota}$$

Zur wirklichen numerischen Berechnung ist es jedoch vortheilhafter, Reihen anzuwenden, denen man verschiedene Formen geben kann, bei deren Entwicklung wir uns aber hier nicht aufhalten.

Da man übrigens leicht sieht, dass für $w < W'$, $l' > w$. also $\cos l' - \cos w$ und mithin auch $\frac{dm}{dw}$ negativ: und für $w > W'$, $l' < w$, mithin $\frac{dm}{dw}$ positiv wird, so ist klar, dass für $w = l' = W'$ der Werth von m allemal ein Minimum wird, und zwar

24        $$= \frac{A}{a} \, \sqrt{1 - \iota\iota \cos^2 W'} .$$

Wählt man also den Halbmesser der Kugel:

$$A = \frac{a}{\sqrt{1 - \iota\iota \cos^2 W'}} ,$$

so ist die Darstellung unendlich kleiner Theile des Ellipsoids bei der Breite $90° - W$ dem Urbilde nicht bloss ähnlich, sondern gleich, bei andern Breiten aber grösser.

Man kann den Logarithmus von m mit Vortheil in eine nach den Potenzen von $\cos U - \cos W$ fortlaufende Reihe entwickeln, deren erste, für die Ausübung zureichende Glieder diese sind:

$$\log \text{hyp. } m = \log \left\{ \frac{A}{a} \sqrt{1 - \varepsilon\varepsilon \cos^2 W} \right\}$$

$$+ \frac{\varepsilon\varepsilon}{2(1 - \varepsilon\varepsilon)} \cdot (\cos U - \cos W)^2$$

$$- \frac{2\varepsilon^4 \cos W}{3(1 - \varepsilon\varepsilon)^2} \cdot (\cos U - \cos W)^3 + \cdots$$

Wenn also z. B. die Dänische Monarchie innerhalb der Grenzen der Breite $53°$ und $58°$ auf diese Weise auf die Kugelfläche übertragen und $W = 34° 30'$ gesetzt wird, so wird bei der Abplattung $\frac{1}{303}$ die Darstellung an den Grenzen, linearisch gerechnet, nur um $\frac{1}{330000}$ vergrössert.

Wir müssen uns hier damit begnügen, nur eine kurze Andeutung von einer Benutzungsart des Uebertragens der Figuren in der höheren Geodäsie gegeben zu haben, und eine angemessenere Ausführung für einen andern Ort versparen.

14.

Es bleibt uns noch übrig, einen in unsrer allgemeinen Auflösung vorkommenden Umstand hier etwas ausführlicher zu betrachten. Wir haben im 5. Artikel gezeigt, dass allemal zwei Auflösungen stattfinden, indem entweder $P + iQ$ einer Function von $p + iq$, und $P - iQ$ einer Function von $p - iq$ gleich werden muss; oder $P + iQ$ einer Function von $p - iq$, und $P - iQ$ einer Function von $p + iq$. Wir wollen nun noch zeigen, dass allemal bei der einen Auflösung die Theile in der Darstellung [25] zugleich eine ähnliche Lage haben, wie im Dargestellten; bei der andern Auflösung hingegen verkehrt liegen: zugleich wollen wir das Criterium angeben, nach welchem dieses a priori unterschieden werden kann.

Zuvörderst bemerken wir, dass von vollkommner oder verkehrter Aehnlichkeit nur insofern die Rede sein kann, als an jeder der beiden Flächen zwei Seiten unterschieden werden, wovon die eine als die obere, die andere als die untere betrachtet wird. Da dieses an sich etwas willkürliches ist, so sind beide Auflösungen gar nicht wesentlich verschieden, und eine verkehrte Aehnlichkeit wird zur vollkommnen, sobald man bei der einen Fläche die vorher als obere betrachtete Seite zur unteren macht. Bei unsrer Auflösung konnte daher diese Unterscheidung gar nicht vorkommen, da die Flächen bloss durch die Coordinaten ihrer Punkte bestimmt wurden. Will man auf diesen Unterschied eingehen, so muss zuvor die Natur der Flächen auf eine andere Art festgelegt werden, welche ihn mit in sich fasst. Zu diesem Zwecke wollen wir annehmen, dass die Natur der ersten Fläche durch die Gleichung $\psi = 0$ bestimmt werde, wo ψ eine gegebene einförmige Function von x, y, z ist. In allen Punkten der Fläche wird also der Werth von ψ verschwinden, und in allen Punkten des Raumes, welche der Fläche nicht angehören, wird er nicht verschwinden. Bei einem Durchgange durch die Fläche wird also, wenigstens allgemein zu reden, der Werth von ψ aus dem Positiven ins Negative, bei dem entgegengesetzten aus dem Negativen ins Positive übergehen, oder auf der einen Seite der Fläche wird der Werth von ψ positiv, auf der andern negativ sein: die erstere wollen wir als die obere, die andere als die untere betrachten. Ganz ebenso soll es bei der zweiten Fläche gehalten werden, indem ihre Natur durch die Gleichung $\Psi = 0$ bestimmt wird, wo Ψ eine gegebene einförmige Function der Coordinaten X, Y, Z ist. Es gebe ferner die Differentiation:

$$d\psi = e\,dx + g\,dy + h\,dz,$$
$$d\Psi = E\,dX + G\,dY + H\,dZ.$$

26 wo e, g, h Functionen von x, y, z, und E, G, H Functionen von X, Y, Z sein werden.

Da die Betrachtungen, durch welche wir zu dem vorgesetzten Ziele gelangen müssen, obwohl an sich nicht schwierig, doch etwas ungewöhnlicher Art sind, so wollen wir uns bemühen, ihnen die grösste Klarheit zu geben. Wir wollen zwischen den beiden einander entsprechenden Darstellungen auf den Flächen, deren Gleichungen $\psi = 0$ und $\Psi = 0$ sind, sechs Zwischen-Darstellungen in der Ebene annehmen, so dass acht verschiedene Darstellungen in Betracht kommen, nämlich:

> indem als correspondirend be-
> trachtet werden die Punkte,
> deren Coordinaten resp. =

1. das Urbild in der Fläche, deren Gleichung $\psi = 0$ $x,\ y,\ z$:
2. Darstellung in der Ebene . . . . $x,\ y,\ 0$:
3.   -   - - -   . . . $t,\ u,\ 0$:
4.   -   - - -   . $p,\ q,\ 0$:
5.   -   - - -   . . . $P,\ Q,\ 0$:
6.   -   - - -   . .   . . $T,\ U,\ 0$:
7.   -   - - -   . . . . $X,\ Y,\ 0$:
8. Abbildung in der Fläche, deren Gleichung $\Psi = 0$ $X,\ Y,\ Z$.

Wir wollen nun diese verschiedenen Darstellungen unter einander lediglich in Beziehung auf die gegenseitige Lage der unendlich kleinen Linearelemente vergleichen, indem wir das Grössenverhältniss ganz bei Seite setzen: als ähnlich liegend werden also zwei Darstellungen betrachtet, wenn von zwei aus Einem Punkte ausgehenden Linearelementen dem in der einen Darstellung rechts liegenden auch in der andern das rechts liegende entspricht: im entgegengesetzten Falle werden sie verkehrt liegende heissen. Bei der Ebene, von Nr. 2—7, wird immer die Seite, wo die positiven Werthe der dritten Coordinate liegen, als die obere betrachtet; bei der ersten und letzten Fläche hingegen ist die Unterscheidung der obern und untern Seite bloss von dem positiven oder nega- tiven Werthe von ψ und Ψ abhängig, wie schon oben fest- gesetzt ist.

[27] Hier ist nun zuvörderst klar, dass für jede Stelle der ersten Fläche, wo man bei ungeändertem x und y durch ein positives Increment von z auf deren obere Seite kommt, die Darstellung in 2 mit der in 1 ähnlich liegend sein wird; dies wird also offenbar überall zutreffen, wo h positiv ist: und das Gegentheil wird bei einem negativen h eintreten, wo die Darstellungen verkehrt liegend sein werden.

Auf dieselbe Weise werden die Darstellungen in 7 und 8 ähnlich liegend oder verkehrt liegend sein, je nachdem H positiv oder negativ ist.

Um die Darstellungen in 2 und 3 unter sich zu ver- gleichen, sei in der erstern ds die Länge einer unendlich kleinen Linie von dem Punkte, dessen Coordinaten $x,\ y,$ zu

einem andern, dessen Coordinaten $x + dx$, $y + dy$ sind,
und l deren Neigung gegen die Abscissenlinie, wachsend in
dem Sinn, in welchem man von der Axe der x zu der Axe
der y übergeht, also $dx = ds \cos l$, $dy = ds \sin l$. In
der Darstellung 3 sei $d\sigma$ die Grösse der Linie, welche der
ds entspricht, und ihre Neigung zur Abscissenlinie, wie vor-
hin verstanden, λ, so dass $dt = d\sigma \cos \lambda$, $du = d\sigma \sin \lambda$.
Man hat also, in den Bezeichnungen des 4. Artikels:

$$ds \cos l \quad d\sigma(a \cos \lambda + a' \sin \lambda .$$
$$ds \sin l = d\sigma \, b \cos \lambda + b' \sin \lambda) ,$$

folglich:

$$\tan g \, l = \frac{b \cos \lambda + b' \sin \lambda}{a \cos \lambda + a' \sin \lambda} .$$

Betrachtet man nun x und y als constant, und l, λ als veränderlich, so giebt die Differentiation:

$$\frac{dl}{d\lambda} = \frac{ab' \quad ba'}{(a \cos \lambda + a' \sin \lambda)^2 + (b \cos \lambda + b' \sin \lambda)^2}$$
$$= (ab' - ba') \cdot \frac{d\sigma^2}{ds^2} .$$

Man sieht also, dass, je nachdem $ab' - ba'$ positiv oder negativ ist, l und λ immer zugleich wachsen, oder sich entgegen-
gesetzt [28] ändern, und also im erstern Fall die Darstellungen
2 und 3 ähnlich liegend, im andern verkehrt liegend sind.

Aus der Verbindung dieses Resultats mit dem vorhin gefundenen ergiebt sich, dass die Darstellungen in 1 und 3
ähnlich liegend oder verkehrt liegend sind, je nachdem
$\frac{ab' - ba'}{h}$ positiv oder negativ ist.

Da auf der Fläche, deren Gleichung $\varphi = 0$ ist,

$$e \, dx + g \, dy + h \, dz = 0 ,$$

also auch:

$$(ea + gb + hc \, dt + (ea' + gb' + hc') \, du = 0$$

wird, wie auch immer das Verhältniss von dt und du gewählt wird, so muss offenbar identisch:

$$ea + gb + hc = 0 , \quad ea' + gb' + hc' = 0$$

werden, woraus folgt, dass e, g, h resp. den Grössen $bc' - cb'$, $ca' - ac'$, $ab' - ba'$ proportional sind, also:

$$\frac{bc' - cb'}{e} = \frac{ca' - ac'}{g} = \frac{ab' - ba'}{h}.$$

Man kann also, welchen dieser drei Ausdrücke man will, oder, wenn man mit der ihrer Natur nach positiven Grösse $ee + gg + hh$ multiplicirt, die sich ergebende symmetrische Grösse:

$$ebc' + gca' + hab' - ecb' - gac' - hba'$$

als Criterium der ähnlichen oder verkehrten Lage der Theile in den Darstellungen 1 und 3 anwenden.

Ganz ebenso wird ähnliche oder verkehrte Lage der Theile in den Darstellungen 6 und 8 von dem positiven oder negativen Werthe der Grösse:

$$\frac{BC' - CB'}{E} = \frac{CA' - AC'}{G} = \frac{AB' - BA'}{H}.$$

oder, wenn man lieber will, der symmetrischen

$$EBC' + GCA' + HAB' - ECB' - GAC' - HBA'$$

abhangen.

[**29**] Die Vergleichung der Darstellungen in 3 und 4 beruht auf ganz ähnlichen Gründen, wie die von 2 und 3. und die ähnliche oder verkehrte Lage der Theile hängt von dem positiven oder negativen Zeichen der Grösse

$$\frac{\partial p}{\partial t}\frac{\partial q}{\partial u} - \frac{\partial p}{\partial u}\frac{\partial q}{\partial t}$$

ab; und ebenso bestimmt das positive oder negative Zeichen von

$$\frac{\partial P}{\partial T}\frac{\partial Q}{\partial U} - \frac{\partial P}{\partial U}\frac{\partial Q}{\partial T}$$

die ähnliche oder verkehrte Lage der Theile in den Darstellungen 5 und 6.

Was endlich die Vergleichung der Darstellungen 4 und 5 unter sich betrifft, so können wir uns auf die Analyse des 5. Artikels beziehen, aus welcher erhellt, dass jene in den kleinsten Theilen ähnlich, oder verkehrt liegend sind, je

nachdem man die erste oder zweite Auflösung gewählt, d. i.
entweder

$$P + iQ = f(p + iq) \quad \text{und} \quad P - iQ = f_1\, p - iq),$$

oder

$$P + iQ = f(p - iq) \quad \text{und} \quad P - iQ = f_1(p + iq)$$

gesetzt hat.

Aus diesem allen ziehen wir nunmehro den Schluss, dass
man, wenn die Darstellung auf der Fläche, deren Gleichung
$\Psi = 0$ ist, dem Urbilde auf der Fläche, deren Gleichung
$\psi = 0$ ist, in den kleinsten Theilen nicht bloss ähnlich,
sondern auch ähnlich liegend sein soll, auf die Anzahl der
negativen Grössen, welche unter diesen vier Grössen vorkommen:

$$\frac{ab' - ba'}{h}, \quad \frac{\delta p}{\delta t}\frac{\delta q}{\delta u} - \frac{\delta p}{\delta u}\frac{\delta q}{\delta t},$$

$$\frac{\delta P}{\delta T}\frac{\delta Q}{\delta U} - \frac{\delta P}{\delta U}\frac{\delta Q}{\delta T}, \quad \frac{AB' - BA'}{H}.$$

Rücksicht nehmen muss; ist gar keine oder eine gerade Anzahl darunter, so wird die erste, ist eine oder drei negative
unter ihnen, so wird die zweite Auflösung gewählt werden
müssen. Bei entgegengesetzter Wahl findet allemal eine verkehrte Aehnlichkeit statt.

30 Uebrigens lässt sich noch zeigen, dass, wenn obige
vier Grössen resp. mit r, s, S, R bezeichnet werden, allemal

$$\frac{r\sqrt{ee + gg + hh}}{s} = \pm n, \quad \frac{R\sqrt{EE + GG + HH}}{S} = \pm N$$

wird, n und N in der Bedeutung des 5. Art. genommen: wir
übergehen jedoch hier den nicht schwer zu findenden Beweis
dieses Theorems, da dieses für unsern Zweck nicht weiter
nöthig ist.

Anmerkungen.

Allgemeines.

Unter den verschiedenen Arten, eine krumme Oberfläche auf einer Ebene darzustellen, ist von besonderer Wichtigkeit diejenige, bei der die Abbildung dem Abgebildeten in den kleinsten Theilen ähnlich ist. Derartige Abbildungen, die man nach *Gauss* [»Untersuchungen über Gegenstände der höheren Geodäsie, erste Abhandlung«; Abhandlungen der Königl. Gesellschaft der Wissenschaften zu Göttingen Bd. II, 1844; vgl. auch *Gauss*' Werke, Bd. IV p. 262] conform, neuerdings auch wohl winkeltreu nennt, sind zuerst von *Lambert* in seinen »Anmerkungen und Zusätzen zur Entwerfung der Land- und Himmelscharten« behandelt, einer Schrift, die in Heft 54 der Klassiker abgedruckt ist. Indessen begnügte sich *Lambert* damit, die Differentialgleichungen, von denen die conforme Abbildung einer Kugel auf eine Ebene abhängt, aufzustellen (vgl. Abschnitt VI der erwähnten Arbeit) und aus denselben neben den schon vorher bekannten (stereographische und Mercator'sche Projection) einige neue winkeltreue Projectionsarten abzuleiten. Es gelang ihm aber nicht, die Aufgabe der conformen Abbildung von Flächen allgemein durchzuführen. Diese Lücke ist durch die beiden Arbeiten ausgefüllt, welche den Inhalt des vorliegenden Heftes bilden.

Der Verfasser der ersten dieser Arbeiten, *Lagrange*, ist direct durch *Lambert*'s Untersuchungen zu einer Erweiterung derselben angeregt (vgl. *Lambert*'s »Anmerkungen und Zusätze«, § 73), hat aber die Ergebnisse seiner Rechnungen erst nach *Lambert*'s Tode im Jahre 1779 veröffentlicht. *Lagrange* löst zunächst die Aufgabe der conformen Abbildung beliebiger Rotationsflächen auf eine Ebene allgemein (seine Beweisführung enthält allerdings eine Lücke, vgl. die Anmerkung S. 88—89) und stellt dabei eine Formel zur Berechnung der Vergrösserung an irgend einer Stelle des Bildes auf. Er wendet seine Lösung dann auf den besonderen Fall an, in welchem die Meridiane und Parallelkreise der abzubildenden Fläche im Bilde durch Kreise wiedergegeben werden. Eine weitere Specialisirung besteht darin, dass als abzubildende Fläche ein abgeplattetes Rotationsellipsoid angenommen wird. Aus den für letztere Fläche sich ergebenden Formeln leitet *Lagrange* verschiedene Folgerungen ab und zeigt, wie man dieselben bei der Construction geographischer Karten verwerthen kann.

Gauss geht in seiner Abhandlung, zu deren Abfassung er durch eine von der königl. Societät der Wissenschaften zu Kopenhagen gestellte Preisaufgabe veranlasst war, insofern über *Lagrange* hinaus, als er die Differentialgleichung aufstellt, auf welche die Aufgabe der conformen Abbildung für beliebige Flächen führt. Er hebt sodann, was *Lagrange* übergeht, den Unterschied zwischen den beiden Lösungen, welche jene Aufgabe hat, hervor und wendet schliesslich die allgemeinen Formeln auf eine Reihe einfacherer Beispiele an. Während ferner *Lagrange* hauptsächlich darauf ausgeht, praktisch brauchbare Formeln zu gewinnen, tritt bei *Gauss* der rein mathematische Gesichtspunkt mehr hervor. Endlich zeichnet sich die *Gauss*'sche Darstellung durch grosse Eleganz aus. Dass *Gauss* der Arbeit von *Lagrange* mit keinem Worte gedenkt, ist wohl dadurch zu erklären, dass sich in der Abhandlung von *Gauss* überhaupt kein einziges Citat, keine einzige historische Bemerkung findet.

Von den Lebensumständen der beiden berühmten Verfasser der vorstehenden Abhandlungen sei hier Folgendes erwähnt.

Joseph Louis de Lagrange, am 25. Januar 1736 zu Turin geboren, wurde schon mit 19 Jahren Lehrer an der Artillerieschule seiner Vaterstadt, in der er bis 1766 lebte. Von 1766—1787 war er Director der mathematisch-physikalischen Klasse der Berliner Akademie; von 1787 ab wohnte er in Paris, wo er am 10. April 1813 starb. Seine zahlreichen Abhandlungen sind vorzugsweise in den Memoiren der Akademien der genannten drei Städte, einige spätere im Journal de l'École polytechnique erschienen. Von selbständigen Werken veröffentlichte er:

Mécanique analytique. Paris 1788; 2. Auflage 1811—1815; 3. Auflage, von *Bertrand* herausgegeben, Paris 1853—1855.

Théorie des fonctions analytiques. Paris 1797; 2. Auflage 1813; eine deutsche Uebersetzung von *Grüson* erschien 1798 zu Berlin.

Traité de la résolution des équations numériques de tous les degrés. Paris 1798; 2. Auflage Paris 1808.

Leçons sur le calcul des fonctions. Paris 1806.

Die letztgenannte Schrift ist zuerst im Journal de l'École polytechnique veröffentlicht, später erst als selbständige Schrift erschienen. Von den drei letzten Schriften ist eine deutsche Uebersetzung unter dem Titel: »Lagrange's Werke, deutsch von Crelle«, zu Berlin 1823—1824 erschienen.

Ferner sind *Lagrange*'s gesammelte Werke unter dem Titel : »Oeuvres de Lagrange« in 14 Bänden von *Serret* und *Darboux* (Paris 1867—1892) herausgegeben.

Von Schriften über *Lagrange* sind folgende anzuführen: *Delambre*: Notice sur la vie et les ouvrages de M. le Comte *J. L. Lagrange* (Mémoir. de l'Institut pour 1812, wieder abgedruckt in Theil I der Oeuvres de Lagrange).

Pietro Cossali: Éloge de Gius. Luigi la Grange (Padova 1813).

Julien Joseph Virey et François André Potel: Précis historique sur la vie et la mort de *J. L. Lagrange* (Paris 1817).

Kurze Lebensbeschreibungen finden sich auch in »Biographie universelle«, T. XXVIII, p. 847 ff., Paris 1861 ; ferner in *Ersch* und *Gruber*'s Encyklopädie, I. Section, Theil 79, S. 339 ff., Leipzig 1865.

Carl Friedrich Gauss, am 30. April 1777 in Braunschweig geboren, besuchte das Gymnasium seiner Vaterstadt, später das Collegium Carolinum daselbst bis 1795, studirte dann 1795—1798 in Göttingen, lebte von da bis 1807 als Privatmann in Braunschweig (vorübergehend auch in Helmstedt), wurde 1807 Professor und Director der Sternwarte in Göttingen, welche Stellung er bis zu seinem am 23. Februar 1855 erfolgten Tode bekleidete. Neben zahlreichen Abhandlungen mathematischen, astronomischen und physikalischen Inhalts, deren wichtigste in den Abhandlungen der Göttinger Societät der Wissenschaften erschienen sind, veröffentlichte er folgende selbständige Werke:

Inaugural-Dissertation über den Fundamentalsatz der Algebra. Helmstedt 1799 (vgl. Heft 14 der Klassiker).

Disquisitiones arithmeticae. Leipzig 1801.

Theoria motus corporum coelestium. Hamburg 1809.

Ferner gab er mit *Wilhelm Weber* die »Resultate aus den Beobachtungen des Magnetischen Vereins« in 6 Bänden, Göttingen 1837—1813, heraus.

Gauss' sämmtliche Abhandlungen, sowie seine selbständigen Werke sind nebst seinem wissenschaftlichen Nachlass von der Göttinger Gesellschaft der Wissenschaften in 7 Bänden herausgegeben, Göttingen 1863—1874.

Von Schriften über *Gauss* mögen folgende hier genannt werden.

W. Sartorius von Waltershausen: Gauss zum Gedächtniss. Leipzig 1856; 2. Aufl. 1877.

Winnecke: Gauss. Ein Umriss seines Lebens und Wirkens. Festschrift. Braunschweig 1877.

L. Hänselmann: Karl Friedrich Gauss. Zwölf Kapitel aus seinem Leben. Leipzig 1878.

M. Cantor: Artikel Gauss in der allgemeinen deutschen Biographie, Band VIII. Leipzig 1878.

Erwähnenswerth ist *Gauss'* Briefwechsel mit *Schumacher* (Altona 1861—1862), *A. v. Humboldt* (Leipzig 1877), *Nicolai* (Karlsruhe 1877) und *Bessel* (Leipzig 1880).

Specielle Noten zum Text.

Abhandlung von Lagrange.

Die Arbeit »Sur la construction des cartes géographiques, premier et second mémoire« ist zuerst in den Nouveaux Mémoires de l'Académie Royale des Sciences et Belles Lettres de Berlin, Année 1779, p. 161—210 (Berlin 1781) veröffentlicht, später in den Oeuvres de Lagrange, T. IV, p. 635—692 wieder abgedruckt. Die vorstehende Uebersetzung hält sich streng an den *Lagrange*'schen Text. In der Schreibweise der Formeln bin ich nur insofern von *Lagrange* abgewichen, als ich durchweg (mit Ausnahme einer Stelle S. 19, vgl. Anmerk. S. 90) für $\sqrt{-1}$ das Zeichen i benutzt habe. Ausserdem sind die vorkommenden partiellen Ableitungen mit runden ∂ bezeichnet und die Potenzen trigonometrischer Functionen anders als im Original geschrieben. In einigen Formeln fanden sich bei *Lagrange* Fehler, die auch in die Oeuvres übergegangen sind; diese sind mit Ausnahme einer Stelle am Schluss der Arbeit, die weiterhin zu besprechen sein wird, hier verbessert.

S. 4. Gnomonik ist die Lehre von den Sonnenuhren.

S. 4. Claudius Ptolemaeus, der berühmteste Astronom des Alterthums, lebte in der ersten Hälfte des zweiten Jahrhunderts unserer Zeitrechnung zu Alexandria. Sein bekanntestes Werk, in dem das nach ihm benannte Weltsystem aufgestellt ist, ist die μεγάλη σύνταξις, von den Arabern später »Almagest« genannt. Seine Geographie in acht Büchern ist eine der grössten litterarischen Unternehmungen des Alterthums.

S. 4. Astrolabium war früher der allgemeine Name aller in der Astronomie, beim Feldmessen etc. gebrauchten Winkelmesser. Eine Abbildung der Himmelskugel wird als Astrolabium bezeichnet, insofern eine solche Abbildung zur Ermittelung der Länge und Breite der Himmelskörper dienen kann.

S. 5. Ueber *Kaestner* vergl. Heft 54 der Klassiker S. 81. In dem genannten Hefte sind auch die Haupteigenschaften der stereographischen Projection abgeleitet S. 79—82 .

S. 5. *Commandino, Federigo,* Arzt und Mathematiker, geb. 1509 in Urbino, gest. daselbst 1575, emendirte und commentirte mehrere Werke der Alten. 1558 erschien zu Venedig seine »Commentatio in Ptolemaei planisphaerium«. — Die Schreibweise spherae statt sphaerae ist von *Lagrange* angewandt.

S. 5. Reducirte Seekarten sind Karten in *Mercator's* Projection, vgl. Heft 51 der Klassiker S. 82—83, 85.

S. 6. Analemma ist eine Zeichnung, mittelst welcher auf einer Sonnenuhr die Linien bestimmt werden, welche der Schatten irgend eines Punktes des Zeigers an dem Tage beschreibt, an welchem die Sonne in irgend ein Zeichen des Thierkreises tritt. Analemmatische Sonnenuhren (cadrans analemmatiques) sind also Sonnenuhren, die mit einer solchen Zeichnung versehen sind.

S. 6. *De la Hire Philipp* , Mathematiker und Astronom zu Paris, 1640—1718, schrieb ausser vielen Abhandlungen eine théorie des coniques, 1672. Die hier citirte Arbeit, die den Titel führt »Sur un nouvel astrolabe universel« steht in der Histoire de l'Académ. de Paris 1701 p. 96.

S. 7. *Lagrange* sagt, dass bei der Mercator'schen Projection der Abstand zwischen dem Aequator und einem beliebigen Parallelkreise dem Logarithmus der Tangente des halben Complementes der Breite proportional ist. Es schien mir zweckmässiger, dafür den Logarithmus der Cotangente, der sich von dem ersteren ja nur durch das Vorzeichen unterscheidet, zu setzen, damit sich für positive Breiten ein positiver Werth des Abstandes ergiebt.

S. 7. Ueber die Arbeit von *Lambert* vgl. Heft 54 der Klassiker. *Lagrange* würdigt hier das Verdienst von *Lambert* nicht genügend. *Lambert's* Arbeit enthält schon zwei Erweiterungen der stereographischen Projection, einmal die sogenannte winkeltreue Kegelprojection (cf. Heft 51 der Klassiker, Abschnitt IV, V und S. 87), sodann auch die Kreisnetze, deren eingehender Untersuchung der grösste Theil der *Lagrange'*schen Arbeit gewidmet ist. Allerdings entbehrt *Lambert's* Ableitung der Kreisnetze der nöthigen Strenge. Auch geht *Lagrange* bei seinen Erörterungen von allgemeineren Gesichtspunkten aus.

S. 7. Euler, Leonhard, geb. 15. April 1707 in Basel, gest. 7. September 1783 in Petersburg, ist als einer der hervorragendsten und fruchtbarsten Mathematiker des vorigen Jahrhunderts bekannt. Die Zahl der von ihm veröffentlichten Abhandlungen und Werke beträgt 756. Seine im Text erwähnten, in den Acta Academ. scient. Petropol. pro anno 1777, Pars I, erschienenen Arbeiten über Kartenprojection haben folgende Titel:

1) De repraesentatione superficiei sphaericae super plano, S. 107—132.
2) De projectione geographica superficiei sphaericae, S. 133 —142.
3) De projectione geographica Delisliana in mappa generali imperii russici usitata, S. 143—153.

S. 8, letzte Zeile. Statt $p = \cos s$, wie im Original steht, muss es $p = 1 - \cos s$ heissen.

S. 11. Die Methode von *d'Alembert* (1717—1783) besteht darin, simultane Differentialgleichungen durch Multiplication mit geeigneten Coefficienten und Addition auf Quadraturen zurückzuführen. Man findet diese Methode in *d'Alembert's* »Suite des recherches sur le calcul intégral«, Mém. de l'Acad. de Berlin, T. IV, 1748, S. 249—291. Vgl. auch: *d'Alembert*, Opuscula mathematica, 8 vol., Paris 1761—1768.

S. 12. Der Nachweis, dass jeder unendlich kleine Theil der abzubildenden Fläche seinem Bilde auf der Karte ähnlich ist, ist nicht vollständig geführt. Soll jene Aehnlichkeit stattfinden, so müssen nicht nur alle von einem Punkte der Fläche ausgehenden Bogenelemente sich ebenso zu einander verhalten wie die entsprechenden Bogenelemente der Karte, sondern ausserdem muss der von zwei beliebigen Bogenelementen der Fläche eingeschlossene Winkel gleich dem Winkel zwischen den entsprechenden Elementen der Karte sein (vgl. die Arbeit von *Gauss* S. 58). Allerdings ist die letztere Bedingung von selbst erfüllt, wenn die erstere erfüllt ist. Das lässt sich folgendermaassen zeigen.

Das Bogenelement $dS = \sqrt{ds^2 + q^2\,dt^2}$ der abzubildenden Rotationsfläche bilde mit dem durch seinen Endpunkt gehenden Meridian den Winkel ϑ, so ist

1)
$$\tan \vartheta = \frac{q\,dt}{ds} = \frac{dt}{du}.$$

Dem Bogen dS entspricht auf der Karte das Element

$d\sigma = \sqrt{dx^2 + dy^2}$. Dasselbe bildet mit der x-Axe einen Winkel λ, der durch die Gleichung

2)
$$\tan \lambda = \frac{dy}{dx} = \frac{\cos \omega\, du + \sin \omega\, dt}{\sin \omega\, du - \cos \omega\, dt}$$

bestimmt ist. Aus 1) und 2) folgt

$$\tan \lambda = \frac{\cos \omega + \sin \omega \, \tan \vartheta}{\sin \omega - \cos \omega \, \tan \vartheta} = \cot (\omega - \vartheta) ;$$

d. h. es ist

3)
$$\lambda = \frac{\pi}{2} - \omega + \vartheta .$$

Das dem Meridianbogen ds entsprechende Element $d\sigma_1$ der xy-Ebene bildet mit der x-Axe einen Winkel λ_1, der sich aus 2) ergiebt, wenn man in dieser Gleichung $dt = 0$ setzt: d. h. es ist

4)
$$\tan \lambda_1 = \cot \omega , \qquad \lambda_1 = \frac{\pi}{2} - \omega .$$

Mithin ist

5)
$$\lambda - \lambda_1 = \vartheta ;$$

d. h. der Winkel ϑ, den irgend ein Bogenelement der abzubildenden Rotationsfläche mit dem durch seinen Endpunkt gehenden Meridian bildet, ist gleich dem entsprechenden Winkel der Karte. Da dies für alle von einem Punkte ausgehenden Bogenelemente gilt, so bleibt auch der Winkel zwischen zwei beliebigen Bogenelementen bei der Abbildung ungeändert.

S. 16. In der vorletzten Zeile des Abschnitts 5 ist der Deutlichkeit wegen das Wort »gegebene« hinzugefügt [vgl. Abschnitt 18 des Textes].

S. 17. Statt des Buchstabens U steht im Original V.

S. 18. Die hier auftretende Differentialgleichung

$$\frac{\varphi''(u + it)}{\varphi'(u + it)} = \frac{\Phi''(u - it)}{\Phi'(u - it)}$$

nimmt, wenn man die Functionen φ, Φ durch die Functionen f, F ausdrückt, folgende Form an:

$$\frac{f'''(u + it)}{f'(u + it)} - \frac{3}{2}\left(\frac{f''(u + it)}{f'(u + it)}\right)^2 = \frac{F'''(u - it)}{F'(u - it)} - \frac{3}{2}\left(\frac{F''(u - it)}{F'(u - it)}\right)^2$$

Diese Gleichung spielt auch in den Untersuchungen des Herrn *H. A. Schwarz* über conforme Abbildung ebener Figuren auf einen Kreis eine wichtige Rolle (Ueber einige Abbildungsaufgaben, Journ. f. Math. LXX p. 105 ff., Gesammelte Mathematische Abhandlungen von *H. A. Schwarz*, Bd. II S. 65 ff.). Nur muss die Gleichung dort nicht für ein zweifach ausgedehntes Gebiet, sondern nur längs einer Linie erfüllt sein. Den Ausdruck

$$\frac{f'''(z)}{f'(z)} - \frac{3}{2}\left(\frac{f''(z)}{f'(z)}\right)^2 = -2\,\frac{\varphi''(z)}{\varphi(z)};$$

nennt Herr *Cayley* (Cambr. Philos. Transact. vol. XIII Part. 1) »the Schwarzian derivative« der Function f. —

Zur Erläuterung des Schlusses, dass, wenn obige Gleichung für ein zweifach ausgedehntes Gebiet bestehen soll, jede Seite derselben Constante gleich sein muss, diene folgende Bemerkung. Soll eine Gleichung der Form

$$\psi(u + it) = \psi_1(u - it)$$

für beliebige Werthe von u und t bestehen, so müssen auch die durch Differentiation dieser Gleichung nach t oder nach u sich ergebenden Gleichungen erfüllt werden; es muss also einerseits

$$\psi'(u + it) = \psi_1'(u - it),$$

andererseits

$$\psi'(u + it) = -\psi_1'(u - it)$$

sein. Daraus folgt

$$\psi'(u + it) = \psi_1'(u - it) = 0$$

und weiter

$$\psi(u + it) = \psi_1(u - it) = k.$$

S. 19. Hier konnte die sonst durchweg benutzte Schreibweise $\sqrt{-1} = i$ nicht ohne eine gänzliche Aenderung des *Lagrange*'schen Textes angewandt werden. Deshalb ist an dieser Stelle die Schreibweise von *Lagrange* beibehalten (vgl. auch die folgende Bemerkung).

S. 19—20. Die letzte Formel S. 19 ist bei *Lagrange* unrichtig. Einmal fehlt dort im Nenner der Factor $\sqrt{k}$; sodann aber steht auf der rechten Seite fälschlich das Vorzeichen — statt des Vorzeichens +. Durch Verbesserung dieses Fehlers wurde in den ersten Zeilen von S. 20 eine kleine Aenderung des Textes erforderlich. Im Original lauten diese Zeilen: »und dieser Ausdruck« für $F'u - it$ »geht offenbar aus dem vorhergehenden hervor, wenn man in demselben das Vorzeichen von k ändert, ausserdem aber t an Stelle von u, P an Stelle von Q setzt und umgekehrt«.

Uebrigens ist, auch abgesehen von dem eben erwähnten Fehler, das Resultat, zu dem *Lagrange* in Abschnitt 11 gelangt, nicht ganz correct. Der Grund dafür liegt darin, dass zwischen den beiden Werthen, welche die Quadratwurzel aus einer negativen Zahl annehmen kann, nicht ordentlich unterschieden wird. Es geht dies aus Folgendem hervor.

Zunächst möge k positiv sein, so ist

$$1) \quad \begin{cases} f(u+it) = \dfrac{-1}{2\,M\sqrt{k}\,\lfloor Me^{2\sqrt{k}(u+it)} + N \rfloor} + G, \\[3mm] F(u-it) = \dfrac{-1}{2\,P\sqrt{k}\,[Pe^{2\sqrt{k}(u-it)} + Q]} + H. \end{cases}$$

Dabei kann unter $\sqrt{k}$ sowohl die positive als die negative Wurzel verstanden werden. Das ergiebt sich daraus, dass die Ausdrücke für $\varphi(z)$ und $\Phi(z)$ durch Vertauschung von $+\sqrt{k}$ mit $-\sqrt{k}$ ihre Form nicht ändern, und dass es auf die Bezeichnung der Integrationsconstanten nicht ankommt. Auch die von *Lagrange* in Nr. 11 angegebene Transformation von $F(u-it)$, der man eine analoge Transformation von $f(u+it)$ an die Seite stellen kann, führt zu demselben Resultat. Indessen, wenn auch das Vorzeichen von $\sqrt{k}$ willkürlich ist, so muss man doch das einmal gewählte Vorzeichen innerhalb desselben Ausdrucks beibehalten. Es wäre falsch

$$2\sqrt{k}(u+it) = +2\sqrt{k}u - 2i\sqrt{k}t$$

zu setzen.

Analoges gilt für den Fall, dass k negativ ist. Es sei

$$k = -k_1.$$

k_1 also positiv. Dann kann man nach dem oben Gesagten unter $\sqrt{k}$ sowohl $+i\sqrt{k_1}$, als $-i\sqrt{k_1}$ verstehen; aber man darf nicht innerhalb derselben Gleichung einmal $\sqrt{k} = +i\sqrt{k_1}$, das andere Mal $\sqrt{k} = -i\sqrt{k_1}$ setzen, sondern muss das einmal gewählte Vorzeichen beibehalten. Es möge also festgesetzt werden, in dem Ausdruck für $f(u+it)$ solle $\sqrt{k} = -i\sqrt{k_1}$, in dem für $F(u - it)$ dagegen $\sqrt{k} = + i\sqrt{k_1}$ sein. Dann erhalten wir:

2)
$$\begin{cases} f(u + it) = \dfrac{+1}{2iM\sqrt{k_1}\,[Me^{-2i\sqrt{k_1}(u+it)} + N]} + G \\[3mm] \qquad\quad = \dfrac{+1}{2iM\sqrt{k_1}\,[Me^{2\sqrt{k_1}(t-iu)} + N]} + G, \\[3mm] F(u - it) = \dfrac{-1}{2iP\sqrt{k_1}\,[Pe^{2i\sqrt{k_1}(u-it)} + Q]} + H \\[3mm] \qquad\quad = \dfrac{-1}{2iP\sqrt{k_1}\,[Pe^{2\sqrt{k_1}(t+iu)} + Q]} + H. \end{cases}$$

Die Ausdrücke 2) gehen aus den Ausdrücken 1) dadurch hervor, dass man an Stelle der in 1) auftretenden Grössen k, u, t respective k_1, t_1, $-u$ setzt und die Bezeichnung der Integrationsconstanten ändert. Eine Aenderung des Vorzeichens von k kommt demnach auf eine Drehung des Coordinatensystems u, t (diese Grössen als Coordinaten einer Ebene gedacht) um 90° hinaus. Wollte man sowohl in $f(u + it)$, als in $F(u - it)$ $\sqrt{k} = -i\sqrt{k_1}$ setzen, so müsste man $F(u-it)$ zuvor in der von *Lagrange* angegebenen Art umformen.

Es bleibt noch zu erörtern, weshalb es genügt, der Constante k nur reelle Werthe beizulegen. Zerlegt man die Function $\varphi(u + it)$ in ihren reellen und ihren imaginären Theil,

$$\varphi(u + it) = M + iN,$$

wo M und N reelle Functionen von t und u sind, so muss, damit das Vergrösserungsverhältniss m, mithin auch Ω reell wird, $\Phi(u - it)$ die Form haben:

$$\Phi(u - it) = M - iN.$$

Daraus folgt, dass auch die beiden Ausdrücke

$$\frac{\varphi''(u + it)}{\varphi(u + it)} \quad \text{und} \quad \frac{\Phi''(u - it)}{\Phi(u - it)}$$

conjugirte complexe Grössen sind, d. h. sich nur durch das Vorzeichen von i unterscheiden. Andererseits müssen die beiden letzten Ausdrücke derselben Constante k gleich sein. k

muss also sowohl die Form $k_1 + ik_2$, als die Form $k_1 - ik_2$
haben, d. h. k_2 muss verschwinden.

Auf den Fall $k = 0$, der eine besondere Betrachtung
erfordern würde, geht *Lagrange* nicht ein.

S. 22 Z. 9 von oben muss $y = B - r \cos 2 \, ct + g$
heissen [statt $y = A - r \cos 2 (ct + g)$. — Die letzte Formel
von S. 22 enthält im Original einen Druckfehler; in dem zweiten Summanden der vorletzten Zeile steht dort $b \cos \, 'g + h$
statt $b \sin \, g + h$).

S. 21—23. Es mag hier auf die wichtigsten geometri-
schen Eigenschaften der von *Lagrange* abgeleiteten Kreisnetze
kurz hingewiesen werden.

Es handelt sich um zwei Schaaren von Kreisen. Die eine
derselben (Nr. 14) hat die Eigenschaft, dass alle Kreise der
Schaar durch zwei feste Punkte N, N_1 gehen, deren Coordinaten

$$x = A, \; y = B; \text{ resp. } x = A - \frac{\cos g + h)}{2abc}, \; y = B + \frac{\sin(g+h)}{2abc}$$

sind. Der über der Sehne NN_1 liegende Peripheriewinkel
eines der Kreise der Schaar ist $ct + \dfrac{g - h}{2}$. Die beiden
festen Punkte N, N_1 liegen auf der Geraden, auf der die
Mittelpunkte der zweiten Kreisschaar (Nr. 15) liegen, und N
und N_1 haben von der Geraden, auf der die Mittelpunkte der
ersten Schaar liegen, gleichen Abstand. Die Kreise der zweiten Schaar (Nr. 15) haben die Eigenschaft, dass für jeden
derselben das Verhältniss der Abstände eines Punktes P von den
vorher erwähnten festen Punkten constant ist; es ist nämlich

$$PN : PN_1 = \frac{be^{2cu}}{a}$$

Für den Fall $b = 0$ gehen, wenn a und c endlich bleiben,
die Kreise der zweiten Schaar in concentrische Kreise über,
die N zum gemeinsamen Mittelpunkt haben, während die Kreise
der ersten Schaar in gerade, durch N gehende Linien übergehen. N_1 liegt dann unendlich fern. Soll N ins Unendliche
rücken und N_1 der gemeinsame Mittelpunkt der Kreise der
zweiten Schaar werden, so hat man $A = A_1 + \dfrac{\cos(g + h)}{2abc}$.

$$B = B_\iota - \frac{\sin{(g + h)}}{2\,a\,b\,c}, \quad \text{sodann } a = 0 \text{ zu setzen, während}$$

A_ι, B_ι, $b|$, c endlich bleiben.

Setzt man $a = b = \dfrac{m}{c}$ und geht dann zur Grenze $c = 0$

über, wodurch $\dfrac{1}{2\,a\,b\,c} = 0$ wird, so fallen N und N_ι zusammen.

Alle Kreise beider Schaaren gehen dann durch N, und zwar berühren alle Kreise der einen Schaar in N ein und dieselbe Gerade, während die Kreise der zweiten Schaar in N eine zweite, auf der ersten senkrechte Gerade berühren. Auf die beiden Schaaren der sich berührenden Kreise wird man auch geführt, wenn man von vorne herein auf S. 18 $k = 0$ setzt und mit diesem Werthe die Rechnungen S. 18—23 neu durchführt.

S. 26—27. An Stelle von $\gamma - p$ steht bei *Lagrange* fälschlich überall $1 - p$.

S. 28. Die hier citirte Arbeit von *Lagrange* steht in den Nouv. Mémoir. de l'Académ. Roy. d. Sciences et Belles-Lettres de Berlin, Année 1776, S. 214—235 (cf. Oeuvres de Lagrange, T. IV p. 275) und führt den Titel »Solutions de quelques problèmes d'astronomie sphérique par le moyen des séries«. In derselben wird die hier benutzte Hülfsformel folgendermaassen bewiesen.

Setzt man zur Abkürzung

$$\left(\frac{1 + \varepsilon \cos z}{1 - \varepsilon \cos z}\right)^{\frac{1}{2}\varepsilon} = m\,,$$

so ist

$$\operatorname{tang} \tfrac{1}{2}\zeta = m \operatorname{tang} \tfrac{1}{2} z\,.$$

Führt man an Stelle der trigonometrischen Functionen Exponentialfunctionen mit imaginären Exponenten ein, so wird

$$\frac{e^{i\zeta} - 1}{e^{i\zeta} + 1} = m\,\frac{e^{iz} - 1}{e^{iz} + 1}\,,$$

daher

$$e^{i\zeta} = \frac{(1 + m)\,e^{iz} + 1 - m}{(1 - m)\,e^{iz} + 1 + m} = \frac{e^{iz} + \theta}{\theta\,e^{iz} + 1}\,,$$

worin

$$\theta = \frac{1 - m}{1 + m}$$

ist. Die letzte Gleichung kann man auch schreiben

$$e'^{i} = e^{i\iota} \frac{1 + \theta e^{-i\iota}}{1 + \theta e^{i\iota}}.$$

Daraus folgt

$$\frac{\cdot}{\cdot} = z + \frac{1}{i} \{\log(1 + \theta e^{-i\iota}) - \log(1 + \theta e^{i\iota}\}.$$

Ist der absolute Werth von θ kleiner als 1, so kann man den Logarithmus nach Potenzen von θ entwickeln und erhält dann unmittelbar die Formel S. 28, Z. 3 v. u.

S. 29 Z. 6. Bei *Lagrange* steht fälschlich

$$\frac{\cdot}{\cdot} = z - \tfrac{1}{2} \epsilon^2 \sin 2z \quad \text{statt} \quad \frac{\cdot}{\cdot} = z + \tfrac{1}{2} \epsilon^2 \sin 2z.$$

S. 32 Z. 8. Hinsichtlich der Aenderung in der Bezeichnung der Constanten ist zu beachten, dass zuerst an Stelle von a, b resp. ak^{-c}, bk^{+c} und zugleich $A = \dfrac{1}{4abc}$ zu setzen, dagegen erst nach Ausführung dieser Substitutionen c in $\tfrac{1}{2}c$ umzuändern ist.

S. 33. Das hier abgeleitete Resultat, wonach für $c = 0$ die Formeln S. 32 auf die *Mercator*'sche Projection führen, steht durchaus nicht in Widerspruch mit der oben (S. 94) gemachten Bemerkung, wonach sich für $k = 0$, also $c = 0$, die Schaaren der einander berührenden Kreise ergeben. In beiden Fällen wird $c = 0$, bei *Mercator*'s Projection ausserdem $a - b = ch = 0$, während a endlich ist: bei den Schaaren der sich berührenden Kreise ist dagegen

$$a = b = \frac{m}{c} = \infty.$$

Um den Specialfall der concentrischen Kreise zu erhalten, muss man zunächst den Anfangspunkt in den Punkt $x = \dfrac{1}{2abc}$, $y = 0$ verlegen und dann $b = 0$ setzen.

S. 34 Z. 8 v. u. Statt $t = 180^0 + g$, wie bei *Lagrange* steht, ist $t = \dfrac{1}{c} 180^0 + g$ zu setzen.

S. 35. In der letzten Zeile steht bei *Lagrange* fälschlich

$$\frac{a}{b} = \pm \left(\text{tang} \frac{h}{2}\right)^c \quad \text{statt} \quad \frac{b}{a} = \pm \left(\text{tang} \frac{h}{2}\right)^c.$$

S. 37 Z. 13 v. u. Die Worte »auf dem Kreise $BDAE$« fehlen im Original.

Dass der über MN als Durchmesser beschriebene Kreis durch A geht, folgt daraus, dass Winkel $MAN = TAT'$ nach der Construction $= 90°$ ist.

S. 38 Z. 1 v. o. Statt BAT' steht im Original fälschlich BET'.

Z. 3 u. 4. Bei *Lagrange* steht $CN = -\,\delta \cotg \dfrac{c\,(t - g)}{2}$.

Mir schien es besser, zwischen der Dreiecksseite CN und der Ordinate des Punktes N zu unterscheiden.

Z. 4 v. u. Das Vorzeichen des Ausdrucks für x ergiebt sich daraus, dass man für $\zeta = 0$ den Nordpol $x = -\,\delta$ erhalten muss.

S. 39 Z. 9 v. o. Auch hier fehlen die eingeklammerten Worte im Original.

S. 40 Z. 5 u. 6 v. o. Im Original sind die Werthe der Winkel zHG und $z'HG$ vertauscht.

Z. 6—11. Hier ist die *Lagrange*'sche Wortfassung etwas geändert.

Z. 15 v. u. Dass der Punkt G der Karte dieselbe Länge g hat wie der Augenpunkt, ist nicht ganz correct. Die Längen beider Punkte sind vielmehr um $180°$ unterschieden. Auf der Karte bilden allerdings zwei Meridiane, deren Längen um $180°$ verschieden sind, Theile desselben Kreises.

S. 41 Z. 2 v. o. Bei *Lagrange* steht fälschlich $z - \tfrac{1}{2}\varepsilon^2 \sin 2z$ statt $z + \tfrac{1}{2}\varepsilon^2 \sin 2z$.

S. 46. Die Aufgabe ist nicht elementar lösbar.

S. 48 letzte Zeile. Bei *Lagrange* steht auf der rechten Seite im Zähler fälschlich 1 statt 2. Bei allen folgenden Formeln für m (bis S. 55) fehlt in Folge dessen im Original der Factor 2 im Nenner. Diese Fehler sind in der Uebersetzung verbessert.

S. 50. Die Formel für m enthält bei *Lagrange* mehrfache Druckfehler.

S. 55. Das von *Lagrange* für den Fall $\sin \varpi = \varepsilon$ angegebene Resultat ist nicht richtig. Denn vorher war gezeigt, dass, wenn man

$$c = \sqrt{1 + \sin^2 \varpi}, \quad n = \frac{c - \cos \varpi}{c + \cos \varpi}$$

setzt, die Factoren von β und β^2 verschwinden. Da das für beliebige ϖ stattfindet, muss es auch für $\sin \varpi = \iota$, $c = 1 + \frac{1}{2}\iota^2$, $u = \frac{1}{2}\iota^2$ der Fall sein. Uebrigens führt auch die Rechnung zu demselben Resultat.

Um

$$m = \delta\iota \quad \frac{1}{2}\beta\iota + \frac{\beta^2}{16\delta\iota}$$

zu erhalten, muss man $\sin \varpi = \iota$, $u = \frac{1}{2}\iota^2$, dagegen $c = 1$ setzen. Uebrigens wächst δ mit abnehmendem $\sin \varpi$, so dass für $\sin \varpi = \iota$

$$\delta = \frac{\delta_1}{\iota}$$

wird, wo δ_1 endlich ist. Für $\sin \varpi = \iota$, $u = \frac{1}{2}\iota^2$, $c = 1$ ergiebt sich daher

$$m = \delta_1 - \frac{1}{2}\beta\iota + \frac{\beta^2}{16\delta_1}.$$

und für $\iota = 0$ verschwindet der Factor von β, nicht aber der von β^2.

Bemerkt werden mag, dass *Lagrange* den unendlich kleinen Werth von $\sin \varpi$ mit i statt mit ι bezeichnet.

Abhandlung von Gauss.

Die Arbeit ist zuerst in den »Astronomischen Abhandlungen, herausgegeben von H. C. Schumacher«, Heft 3, Altona 1825, S. 1—30 veröffentlicht, in *Gauss'* Werken Bd. IV (Göttingen 1873) S. 189—216 wieder abgedruckt. Das Titelblatt des Originals (S. 1) enthält neben dem Titel die Bemerkung: »Als Beantwortung der von der königlichen Societät der Wissenschaften in Copenhagen für 1822 aufgegebnen Preisfrage«: ferner das Motto:

»Ab his via sternitur ad maiora«.

Seite 3 des Originals enthält folgende Vorrede:

»Der Verfasser dieser Abhandlung hat die zweimalige Wahl der Aufgabe, die ihren Gegenstand ausmacht, als einen Beweis von der Wichtigkeit betrachten zu müssen geglaubt, welche die königliche Societät derselben beilegt, und ist dadurch aufgemuntert worden, dieser seine schon vor längerer Zeit gefundene Auflösung vorzulegen, wovon ihn sonst die späte von der Preisfrage erhaltene Kenntniss abgehalten haben würde. Er bedauert, dass der letztere Umstand ihn genöthigt hat, sich fast nur auf das Wesentliche und auf die Andeutung einiger näher liegenden Benutzungen für Kartenprojectionen und für die·höhere Geodäsie zu beschränken, da er ohne die Nähe des Schlusstermins gern die Entwicklung einiger Nebenumstände noch weiter verfolgt, und die vielseitigen Anwendungen in der höheren Geodäsie ausführlich bearbeitet haben würde, welches er sich nun für eine andre Zeit und für einen andern Ort vorbehalten muss.

Im December 1822.«

Mit Seite 5 beginnt dann der eigentliche Text.

Der vorliegende Abdruck giebt das Original, dessen Seitenzahlen beigefügt sind, ohne Aenderung wieder. Nur in der Schreibweise der Formeln sind geringe Aenderungen vorgenommen, so insbesondere in der Bezeichnung der partiellen Ableitungen, sowie in der Schreibart der Potenzen von trigonometrischen Functionen.

S. 61—63. Gauss bezeichnet die beiden auf S. 61 vorkommenden Functionen mit $f(p+iq)$ und $f'(p-iq)$. Statt der Bezeichnung f'' schien es mir zweckmässiger, f_1 zu nehmen. Ebenso ist S. 63 φ_1 statt φ' gesetzt. Entsprechende Aenderungen sind auch im Folgenden vorgenommen.

S. 65. Die Formel für $f(v)$ ist *Lagrange's* Interpolationsformel. Hinsichtlich der Ableitung derselben vgl. *Serret: Cours de calcul différentiel et intégral*, 2me édit., Paris 1879, T. I p. 616—617.

Weitere Untersuchungen über conforme Abbildung von ebenen Flächenstücken auf einander sind namentlich von *Riemann* in seiner Inauguraldissertation (Göttingen 1851), sowie von Herrn *H. A. Schwarz* in verschiedenen Arbeiten angestellt (s. *Bernhard Riemann's* Gesammelte Werke, herausgegeben von H. Weber. Leipzig 1876; ferner *H. A. Schwarz:* Gesammelte mathematische Abhandlungen, Bd. II. Berlin 1890).

S. 66. Die letzte Formel dieser Seite enthält im Original einen Druckfehler; dort steht rechts $+i$ statt $-i$.

S. 67 Z. 3. Im Original fehlt der Factor u des zweiten Summanden.

S. 68—69. Die hier abgeleitete Projection einer Kugelfläche findet sich schon bei *Lambert.* vgl. Heft 54 der Klassiker S. 25.

Harding, geb. 1765 zu Lauenburg, gest. 1834 zu Göttingen, war Professor der Astronomie in letzterer Stadt. Seine Sternkarten sind unter dem Titel: »Atlas novus coelestis, XXVI tab. cont.« zu Göttingen 1808—1813 erschienen.

S. 70. Im Original steht hier und im Folgenden der Buchstabe *o* statt *w*. *Gauss* selbst hat in seinem Handexemplar cf. Werke Bd. IV S. 216) bemerkt, dass das Zeichen *o* gegen seine Absicht benutzt sei. Es solle *w* sein.
S. 71. Zu dem Resultat des Abschnittes 12 mag bemerkt werden, dass die conforme Abbildung beliebiger Flächen zweiter Ordnung auf eine Ebene zuerst von *Jacobi* gefunden ist [Journ. f. Math. Bd. 19 und 59, vgl. *Jacobi*'s Werke Band II, S. 57 u. 399].

Die Darstellung der Oberfläche des Umdrehungs-Ellipsoids auf der Kugelfläche ist von *Gauss* weiter verfolgt in seinen ›Untersuchungen über Gegenstände der höheren Geodäsie Abhandl. d. Götting. Ges. d. Wiss. Bd. II. 1841, und Bd. III, 1847; vgl. *Gauss'* Werke Bd. IV S. 259 ff.]. In den Untersuchungen‹ sind die in der Vorrede zu dem vorliegenden Aufsatze angekündigten Anwendungen weiter entwickelt. Dort ist auch der Name »conform« eingeführt.

S. 73—74. In den ›Untersuchungen über Gegenstände der höheren Geodäsie« nimmt *Gauss* für $f(\cdot)$ die Form an:

$$f(c) = ac - i \lg k.$$

S. 76. In Betreff der Ableitung der Reihe für $\log m$ sei Folgendes bemerkt. Die Formel S. 75 Z. 2 ergiebt $\dfrac{d \log m}{d w}$, die letzte Formel S. 74 ferner $\dfrac{dw}{dU}$. Aus beiden folgt

$$\frac{d \log m}{d \cos U} = \frac{-(\cos U - \cos w)}{\sin^2 U}.$$

Durch weiteres Differentiiren erhält man

$$\frac{d^2 \log m}{(d \cos U)^2}, \qquad \frac{d^3 \log m}{(d \cos U)^3} \quad \text{etc.}$$

Setzt man nach Ausführung der Differentiationen $U = W$, so wird auch $w = W$, und es ergiebt sich:

$$\left[\frac{d \log m}{d \cos U}\right]_{\cos U = \cos W} = 0, \qquad \left[\frac{d^2 \log m}{(d \cos U)^2}\right]_{\cos U = \cos W} = \frac{t^2}{1 - t^2}.$$

$$\left[\frac{d^3 \log m}{(d \cos U)^3}\right]_{\cos U = \cos W} = \frac{-4 t^4 \cos W}{\sqrt{1 - t^2}^3}.$$

Der von *Gauss* für die Abplattung angenommene Werth

7*

$\dfrac{1}{303}$ ist nach neueren Bestimmungen etwas zu klein. Aus der Abplattung $\dfrac{a-b}{a} = \dfrac{1}{303}$ ergiebt sich $\varepsilon^2 = \dfrac{a^2 - b^2}{a^2} = \dfrac{2}{303}$.

S. 77 Z. 16. Statt »einförmige Function« würde man jetzt »eindeutige Function« sagen.

S. 80. Dass bei der Vergleichung der Darstellungen 3 und 4 die ähnliche oder verkehrte Lage von dem positiven oder negativen Zeichen der Grösse $\dfrac{\partial p}{\partial t}\dfrac{\partial q}{\partial u} - \dfrac{\partial p}{\partial u}\dfrac{\partial q}{\partial t}$ abhängt, ergiebt sich folgendermaassen: Bei Vergleichung der Darstellungen 2 und 3 hängt die Lage von dem Vorzeichen des Ausdrucks $ab' - ba'$ ab. Geht man zur Vergleichung von 3 und 4 über, so tritt einfach p, q an Stelle von x, y. An Stelle von $\dfrac{\partial x}{\partial t}$, $\dfrac{\partial x}{\partial u}$, $\dfrac{\partial y}{\partial t}$, $\dfrac{\partial y}{\partial u}$, d. h. nach S. 58 an Stelle von a, a', b, b', sind daher $\dfrac{\partial p}{\partial t}$, $\dfrac{\partial p}{\partial u}$, $\dfrac{\partial q}{\partial t}$, $\dfrac{\partial q}{\partial u}$ zu setzen.

S. 81. Beweis der von *Gauss* ohne Ableitung mitgetheilten Formeln (Z. 5 v. u.).

1) Nach Nr. 5 (S. 59, 60) ist

$$\omega = (a^2+b^2+c^2)dt^2 + 2(aa'+bb'+cc')dtdu + (a'^2+b'^2+c'^2)du^2$$

$$= n(dp^2+dq^2) = n\left\{\left(\frac{\partial p}{\partial t}dt + \frac{\partial p}{\partial u}du\right)^2 + \left(\frac{\partial q}{\partial t}dt + \frac{\partial q}{\partial u}du\right)^2\right\}.$$

Da diese Gleichung für beliebige dt, du stattfindet, so folgt

$$a^2 + b^2 + c^2 = n\left[\left(\frac{\partial p}{\partial t}\right)^2 + \left(\frac{\partial q}{\partial t}\right)^2\right].$$

$$a'^2 + b'^2 + c'^2 = n\left[\left(\frac{\partial p}{\partial u}\right)^2 + \left(\frac{\partial q}{\partial u}\right)^2\right].$$

$$aa' + bb' + cc' = n\left[\frac{\partial p}{\partial t}\frac{\partial p}{\partial u} + \frac{\partial q}{\partial t}\frac{\partial q}{\partial u}\right].$$

Daher ist

$$\text{I)} \quad \begin{cases} (a^2 + b^2 + c^2)(a'^2 + b'^2 + c'^2) - (aa' + bb' + cc')^2 \\ = n^2\left\{\left[\left(\frac{\partial p}{\partial t}\right)^2 + \left(\frac{\partial q}{\partial t}\right)^2\right]\left[\left(\frac{\partial p}{\partial u}\right)^2 + \left(\frac{\partial q}{\partial u}\right)^2\right] - \left[\frac{\partial p}{\partial t}\frac{\partial p}{\partial u} + \frac{\partial q}{\partial t}\frac{\partial q}{\partial u}\right]^2\right\} \\ = n^2\left[\frac{\partial p}{\partial t}\frac{\partial q}{\partial u} - \frac{\partial q}{\partial t}\frac{\partial p}{\partial u}\right]^2. \end{cases}$$

2) Ferner folgt aus den Formeln S. 80 Z. 3:

$$-\frac{h}{\sqrt{c^2+g^2+h^2}} - \frac{\pm(ab'-ba')}{\sqrt{(bc'-cb')^2+(ca'-ac')^2+(ab'-ba')^2}}$$

$$= \frac{\pm(ab'-ba')}{\sqrt{(a^2+b^2+c^2)(a'^2+b'^2+c'^2)-(aa'+bb'+cc')^2}}.$$

Mit Benutzung von I ergiebt sich hieraus:

$$\frac{ab'-ba'}{h}\cdot\sqrt{c^2+g^2+h^2} = \pm n\left[\frac{\partial p}{\partial t}\frac{\partial q}{\partial u} - \frac{\partial p}{\partial u}\frac{\partial q}{\partial t}\right],$$

d. h.

$$r\sqrt{c^2+g^2+h^2} = \pm n\cdot s.$$

Halle a. S., September 1894.

A. Wangerin.

Inhaltsverzeichniss.

Druck von Breitkopf & Härtel in Leipzig.